Narración de historias

Domine el arte de contar una excelente historia con fines de hablar en público, crear una marca en las redes sociales, generar confianza y ventas

Tabla de contenidos

Introducción

¿Con qué frecuencia narra historias en su vida? La narración de historias es una parte integral de la vida de todos, tanto si saben hacerlo como si no. Esta guía completa puede convertirle en un profesional gracias a la información tangible y a los consejos prácticos que contiene. Adéntrese en la narración de historias, aprenda a encontrar su historia y luego preséntela de una manera convincente, con la perspicacia de un experto.

Este libro le ayudará a desarrollar un profundo conocimiento de las últimas tendencias para que pueda adaptar sus historias a su público después de aprender los fundamentos de la narración de historias. Utilice las herramientas que le ofrecemos aquí para empezar a implementar este arte en su papel de orador, padre, maestro, profesional de negocios, entre otros. El arte y el oficio de narrar historias es un talento que se puede aplicar en casi todas las áreas de la vida.

No importa si no tiene ninguna experiencia en la narración de historias; puede comenzar mientras aprende los fundamentos y obtener herramientas valiosas en el proceso.

Capítulo 1. ¿Qué es la narración de historias?

Storytelling o la narración de historias va mucho más allá de lo que la mayoría de la gente espera. No se trata solo de una forma de transmitir una serie de eventos, sino que también evoca la emoción. Con una simple historia, puede convencer a alguien de que cuestione su moral, cambie sus valores éticos e incluso altere el curso de su vida. Pocos otros métodos de comunicación pueden estimular tantas respuestas emocionales y de comportamiento como el arte de narrar historias. Es precisamente por eso que tanta gente está recurriendo a la narración de historias para el *marketing*, la publicidad, la enseñanza e incluso la crianza de sus hijos.

Ahora bien, no todas las formas de narrar una historia son iguales y este libro pronto se adentrará en los diferentes tipos de este arte. En primer lugar, es necesario definir claramente qué es lo que es el *storytelling* o la narración de historias.

La definición estándar de la narración de historias es el acto de elaborar o crear una historia. Sin embargo, esa definición no especifica si la historia tiene que ser real o ficticia o cómo se transmite. A medida que lea este libro, verá que la narración de historias puede aplicarse a comerciantes, funcionarios de la Iglesia, padres, maestros, profesionales de los negocios y otros, porque todas las historias tienen un solo objetivo.

El objetivo de la narración de historias es entregar algo de historia cultural e identidad personal a la audiencia. En los últimos años, el papel de la narración de historias ha surgido de forma espectacular en múltiples medios y plataformas. Parece que, aunque la narración de historias ha existido desde los albores de la humanidad, recientemente se ha producido un cambio en la forma y en el lugar utilizados para compartir las historias.

La narración de historias ofrece hechos o información a través de una narración con la que uno se siente identificado y que tiene un impacto.

Tipos de narración

No todas las historias son iguales, pero tampoco todas las historias son únicas. En la ficción, tenemos algunas historias familiares, como los cuentos de héroes, los cuentos sobre viajes y desarrollo personal, o las novelas sobre la madurez. En la narración de historias, a través del uso del *marketing*, la enseñanza, el cuidado de los hijos y el protagonismo, existen cinco tipos principales de historias.

Estos cinco tipos no son tan exclusivos como para no poder salir de sus respectivas burbujas. Sin embargo, le sorprenderá descubrir que la mayoría de sus historias encajan en al menos uno de estos moldes.

1. La historia de «¿quién soy yo?»

Hace una introducción a un/unos personaje/s, que incluye historias de fondo, objetivos de la vida, entre otras cosas. Se puede hacer esto sin querer con títulos de negocios o con un enfoque defensivo. Cuando se usan mal, estas historias pueden salir mal muy rápidamente.

Sin embargo, cuanto más humildes y humanas sean estas historias, más efectivas se vuelven. Lo que es importante recordar con la historia de «¿quién soy yo?» es no representar la mejor versión posible de uno mismo. Hay una gran diferencia entre:

«Nací en un pequeño pueblo de campo, uno de esos pequeños sitios de paso y ahora soy un director de operaciones de una compañía de la lista de Fortune 500. Conduzco el coche de mis sueños y paso mis vacaciones en Italia al menos una vez al año».

y:

«Probablemente no sabría de qué localidad soy, si le dijera el nombre. Es un pueblo pequeño y aprendí mucho allí mientras iba creciendo. Probablemente debería pasar más tiempo de vacaciones en casa, pero tengo estas oportunidades ahora y no puedo dejarlas pasar. Esas oportunidades solo me llegaron gracias al lugar donde nací, al lugar de donde vengo, y...».

Cuando escriba una historia de «¿quién soy yo?», recuerde que usted no es su trabajo, sus posesiones materiales o sus logros más significativos. La narración de historias requiere que esa capa subyacente, esa parte privada de su vida, salga a la superficie.

2. La historia de «¿por qué estoy aquí?»

Cuando la gente tiene claro sus objetivos y su propósito de estar presente, esto nos transmite una sensación de conexión. La historia de «¿por qué estoy aquí?» es muy común en las conferencias, los negocios y las entrevistas. Sin embargo, los docentes suelen usar esta historia cuando hablan con los padres de sus alumnos. La clave de la historia de «¿por qué estoy aquí?» es la transparencia. Si está intentando hacer una venta o convencer a alguien, dígaselo. Aquí tenemos dos ejemplos y uno de ellos es mucho más efectivo que el otro:

«Todos los presentes en esta conferencia se han unido para un objetivo común. Juntos podemos hacer cambios en la preservación de la energía y cambiar el consumo de la misma. Nuestra energía puede manejar exactamente eso y está lista para empezar a funcionar en los próximos 24 meses».

«Los expertos nos muestran que el aumento del consumo de energía es inevitable, lo que significa que centrarse en la conservación de la energía y reducir su consumo es una batalla perdida. Excepto que estoy aquí para enfocar el uso de la energía desde una perspectiva diferente. Quiero que todos ustedes aquí consideren un nuevo modo de pensar sobre el consumo de la energía».

La historia de «¿por qué estoy aquí?» tiene un propósito particular al explicar la conexión entre el narrador y la audiencia. A menudo, se escuchan este tipo de historias en las charlas de TEDx, en conferencias y en noticias bien cubiertas. De hecho, la línea de apertura, *Estamos aquí hoy en...* está presente en la mayoría de las historias de cobertura de noticias sobre el terreno debido a la precisión que brinda esta estructura de la historia.

3. La historia visionaria

Estas historias entran en juego cuando hay una meta que parece inalcanzable y necesita que la gente se imagine la realidad que usted ve. Los ejemplos más prolíficos de esto incluyen el discurso de *Tengo un sueño* de Martin Luther King Jr. El discurso de *Tengo un sueño* pinta un cuadro de una posibilidad real con claras condiciones y expectativas al final.

Las historias visionarias se deben usar con moderación para proteger su papel en la narración de historias. Si todo el mundo contara historias visionarias todo el tiempo, lo que ahora es una herramienta para influenciar a la gente hacia un futuro deseable se convertiría en pura ficción. Sin duda, se pueden mirar las obras de ficción conocidas y ver la narrativa visionaria en retrospectiva, pero estos cuentos se narran mejor con un objetivo en tiempo presente.

El discurso de *Tengo un sueño* muestra claramente lo exitoso que fue King como orador prolífico debido a sus habilidades para contar historias. Habló de eventos pasados en el presente, como en este ejemplo:

«Hace cien años, un gran americano [...] Este importante decreto se convirtió en un gran faro de esperanza para millones».

Y después, trae el pasado, así como las luchas actuales y las une con el futuro visionario de aquí:

«Tengo un sueño de que un día [...] un estado sofocante por el calor de la injusticia [...] se transformará en un oasis de libertad y justicia».

Resulta difícil seguir al doctor King. Sin embargo, está claro que hay palabras específicas y requisitos conceptuales necesarios para un cuento visionario convincente. A la hora de decidir si tiene una historia visionaria que compartir, busque:

- Conflictos, luchas y oportunidades perdidas en el pasado

- Uso de la frase *va a ser*

- Patrones de discurso que sugieren que hay una clara división entre el pasado, el presente y el futuro.

4. La historia educativa

Es un tipo de historia crítica, pero normalmente no se trata de la apertura de una conferencia, un discurso o cualquier otro foro. Las historias educativas deben existir no solo para informar, sino para convencer. Sin el elemento de convicción, una historia educativa es solo una lista de hechos o posibles percepciones. La historia es el medio para transmitir información. Ambas características deben combinarse.

Un ejemplo podría ser la venta del modelo de negocio de Uber. ¿Se imagina como sería la propuesta de venta? No se presentaría y diría: «dejemos que los extraños lleven a la gente por menos dinero que un taxi». Sin embargo, podría presentar una historia educativa como esta:

«Uber es perfecto para salir de bares sin un conductor designado», o bien: «es una alternativa a gastarse cientos de dólares en un coche de alquiler».

Estas historias pueden ser cortas o largas, pero tienen que describir la información mientras siguen siendo atractivas.

5. «Sé lo que está pensando» o la historia para la publicidad

Aunque haya que afinar estas historias antes de seguir adelante, este es el último intento de convencer a la gente. A menudo estas historias aparecen en la publicidad y hay que entender precisamente dónde se equivocaron las historias anteriores de este grupo. No todas las historias les llegarán a todos y el enfoque de «Sé lo que está pensando» permite la aceptación de los escépticos.

Los padres son los profesionales en este tipo de historias, aunque técnicamente esto no sea publicidad. Ellos son los que se ponen en el punto de mira al adoptar y adaptar diferentes perspectivas que son difíciles de entender.

Probablemente haya escuchado esta frase: «Sé que es difícil ahora, pero será más fácil después». Lo cual es la base o referencia de una frase para el propósito de esta historia. Una versión más profunda de la historia podría ser:

«Sé que nuestras expectativas parecen elevadas en este momento. Cuando mi hermana era adolescente, suspendía casi todas las asignaturas y todos los años pensábamos que iba a repetir el curso. Eso no cambió, pero al final, se graduó. Entonces, decidió que quería ser dueña de un salón de belleza en lugar de trabajar para alguien. Eso significaba que tenía que aprender a abrir y dirigir un negocio, lo que finalmente aprendió. Fue a una universidad local, nada sofisticada, pero le fue bien. Fue la primera vez que destacó en los estudios y ahora desearía no haber esperado tanto tiempo. Sé que piensas que la escuela no es necesaria ahora, pero pase lo que pase, aprender es vital para el futuro».

Los usos de la narración de historias

La narración de historias tiene muchos usos y, a menudo, la gente usa la narración de historias sin elegir de una forma consciente. Desde los padres a los profesionales de los negocios y todos los demás, la narración de historias puede servir para un propósito significativo. Un individuo puede compartir una experiencia, contar un cuento con moraleja, informar a otros y demostrar que tiene razón.

Tal vez no se dé cuenta, pero puede que ya utilice la narración de historias como una parte integral de su vida. La gente usa la narración de historias en el trabajo para enseñar y conectar con sus compañeros. Los amigos usan la narración de historias para construir relaciones y obtener nuevas perspectivas. Los padres y los maestros utilizan la narración de historias para dar contenido y simplificar asuntos complejos para los niños.

Publicidad y *marketing*

¿Qué papel podría tener la narración de historias en el *marketing* y la publicidad (anuncios)? Algunas de sus tiendas y marcas favoritas probablemente usan la narración de historias. La usan para conectar con sus clientes y mostrar al mundo sus valores como marca. Los valores de una empresa y la transparencia en torno a ellos pueden tener un tremendo impacto en la presencia de un negocio en el mercado.

Para utilizar la narración de historias en el *marketing* y la publicidad, las empresas suelen crear un personaje o un relato que establece al consumidor como protagonista.

Para introducir la narración de historias en una marca o campaña de marketing, hay que considerar los elementos técnicos:

- ¿Va a crear un personaje? (Como Martin el Gecko, Flo de Progressive Corporation, el Pato de Aflac).

- ¿Es su historia una narración continua? (Como «Just Do It» de Nike).

- ¿Su historia va a progresar y cambiar? (Como los anuncios de Taco Bell o los anuncios de «salchichas» de Johnsonville).

- ¿Cómo se va a relacionar su personaje o narración directamente con el público objetivo de la marca?

o El pato de Aflac es extremadamente propenso a accidentes.

o Los anuncios de Nike muestran a los corredores y otros atletas en su entorno ideal.

o Airbnb se centra en la gente: los propietarios de las casas y las personas que reservan.

o Huggies muestra las alegrías y las luchas de la paternidad.

o Warby Parker utiliza imágenes para identificarse con los usuarios de gafas y cumple su promesa de gafas de diseño a precios de ganga.

Hinge es un gran ejemplo, no solo porque es algo nuevo en la introducción del *marketing* masivo, sino también por su enfoque.

Hinge se comercializa a los solteros que ya están cansados del juego, lo que esencialmente se refiere a Tinder y a otras aplicaciones de *swiping*. Eso no es un intento discreto de rivalidad a lo Coca-Cola contra Pepsi. La rivalidad es la historia de cada usuario de Hinge. La pregunta que se plantea es: «¿Se ha cansado de las aventuras de una noche, de los encuentros incómodos y de la gente que no quiere nada serio?». La campaña se respalda con hechos concretos para justificar la prevalencia de aplicaciones como Hinge, frente a las aplicaciones de encuentros de una noche.

Entonces, ¿cómo cuenta Hinge su historia?

Hinge muestra un monstruo peludo de la aplicación, que aparece en una variedad de situaciones a las que las parejas normales se enfrentan durante una cita. Pero el verdadero «personaje principal» es el usuario. La aplicación está destinada «a ser eliminada» una vez que el usuario haya encontrado el amor verdadero y una relación satisfactoria. Los creadores consolidan esta idea al destruir o matar al monstruo en casi todos los anuncios. Es una historia recurrente que cambia, pero no progresa. Es una Apocalipsis de Citas.

El mensaje principal de Hinge es el objetivo central de su marca. La aplicación incluso llega a poner anuncios en la calle en forma de vallas publicitarias. Esto contrasta con lo que se espera de las aplicaciones de citas de hoy en día. Aun así, esos carteles narran citas en segunda persona y muestran un final ideal para una cita que llevaría a una relación a largo plazo.

SoulCycle, otro gran ejemplo, ha utilizado una narración de historias tan poderosa para su marca que está a punto de convertirse en una religión. De hecho, la narración es tan buena que la gente suele pagar el precio equivalente a una suscripción mensual de un gimnasio por una sola clase. SoulCycle ofrece una experiencia de entrenamiento de primera clase que desafía el ambiente tradicional de los gimnasios.

SoulCycle utiliza la narración de historias al mostrar la «experiencia del ALMA». Mientras que Hinge utiliza anuncios publicitarios, SoulCycle se basa en plataformas como el Instagram, su sitio web y otros medios de comunicación. En su Instagram, insta a la gente a «unirse al movimiento». A continuación, muestra un flujo casi interminable de personas felices y capacitadas que esperan su próxima clase de SoulCycle. Se espolvorean algunos planes de autocuidado y bienestar personal para una dosis extra de creación de confianza.

Profesores y oradores

Además de la publicidad y el *marketing*, los profesores y los oradores son los que más emplean la narración de historias. Los profesores presentan historias en sus clases a diario. Los oradores pueden ser desde un representante legal hasta alguien que se dirija al equipo antes de que empiece el turno. Estos narradores deben ser conscientes no solo de su historia y de la narración, sino también de su presencia física. Tim Cook, que habla en la conferencia de Apple todos los años, es un ejemplo de un orador con excelentes aptitudes para la narración de historias y es muy consciente de su presencia física. Las charlas de TEDx suelen invitar a oradores que también son muy conscientes de su presencia física.

Los profesores, los profesionales de negocios y otros tipos de oradores enfocan la narración de historias con un propósito más orientado al concepto que la publicidad o el *marketing*. Mientras que la publicidad está claramente destinada a vender, los profesores y los oradores proporcionan información, incitan a la gente a desafiar su pensamiento y mucho más.

La narración de historias tiene una gran importancia en la búsqueda del desarrollo, pues le permite a la gente adoptar nuevas perspectivas y hace que la gente quede convencida. No hay nunca un período en el que los profesores dejen de usar la narración de historias. Tampoco hay un momento en el que los profesionales de negocios puedan construir consistentemente relaciones de negocios y desarrollar a su personal sin usar la narración de historias de alguna manera.

Entre otras personas que usan la narración de historias con regularidad se encuentran:

- Funcionarios públicos

- Redactores, autores y blogueros

•Oradores o representantes de la empresa (asesores jurídicos, jefes de departamento, representantes de la prensa)

- Administradores y funcionarios de la escuela

- Oradores de la iglesia

- Padres

Todas las industrias utilizan la narración de historias, ya que su poder de compromiso es innegable. Con una narración adecuada, usted puede mejorar, construir su negocio y mucho más. Sin embargo, la narración de historias no es solo contar fábulas y cuentos de viejas. Se trata, en cambio, de un método científicamente probado para una comunicación efectiva y un *marketing* impactante.

Capítulo 2. El poder y la ciencia detrás de las historias

La narración de historias ha sido durante mucho tiempo la mejor manera de conmover a la gente. Puede que no sea la más eficiente, pero es la más efectiva. ¿Por qué? El objetivo de la narración de historias es conectar con un público y compartir una experiencia. A través de la narración, se puede lograr una conexión emocional y un cambio de comportamiento, lo cual los hechos reales simplemente no pueden lograr. Cuando se analiza la ciencia de la narración de historias, lo que se ve es la respuesta humana al contacto emocional. Como narrador, usted puede estimular diferentes hormonas, como la dopamina o las endorfinas.

Sin duda, Esopo, Homero y los líderes de las tribus que compartían relatos orales de leyendas y advertencias no pensaban en la reacción del cerebro ante la narración de las historias. Pero eso no hacía que sus historias o lecciones fueran menos válidas. Sin embargo, con un poco de conocimiento sobre la ciencia que hay detrás de la narración, puede impactar drásticamente su historia para hacerla más efectiva, memorable y aplicable a su audiencia. La ciencia detrás de la narración se extiende a través de un amplio alcance, desde el arte y la estructura, hasta la respuesta que se busca de los oyentes. Este libro cubrirá los principios fundamentales y los hallazgos significativos de la comunidad científica.

Su cerebro en la narración de historias

Tal vez recuerde los anuncios de «este es su cerebro bajo los efectos de (inserte la droga o la sustancia aquí)». Se puede decir que su cerebro es el órgano más vital de su cuerpo porque, sin él, todas las demás funciones cesan casi de inmediato. Su mente es el centro de control, pero, al escuchar una historia, le está dando a alguien acceso a algunos de los controles.

Durante la narración de historias, su cerebro escucha y, entonces, mediante un golpe de genialidad de la creación biológica, su mente se imagina a uno mismo en esa posición. Esta gran capacidad es una de las razones por las que tanta gente disfruta al escuchar relatos históricos, de fantasía, ciencia-ficción, etc. Sin embargo, su cerebro es tan hábil para imaginar lugares nuevos o lejanos, como para imaginarse a usted como el protagonista de una historia bastante aburrida.

«Nunca se podrá eliminar la narración de historias porque está incorporada dentro del sistema humano. Venimos con ello».

Margaret Atwood, autora de *El cuento de la criada*

Como dijo Margaret Atwood, los humanos simplemente vienen con la capacidad para contar historias y asimilarlas. La ciencia respalda esto con el apoyo de estudios recientes que muestran que hay más centros del cerebro que se activan y cooperan cuando escuchan una historia. Hay una reacción en cadena sistemática que literalmente se asemeja a la profundidad y a la dedicación que una persona tiene cuando conecta con una historia.

Primero, su centro de procesamiento del lenguaje inicia la toma de la información verbal. Segundo, se activa una parte diferente del cerebro con la comprensión del lenguaje. Ahora, esta parte del cerebro está poniendo el lenguaje en un contexto utilizable. No está cambiando la historia; la está acercando a la realidad. Esta parte del cerebro puede asociar un sentimiento de tristeza con una experiencia completamente no relacionada para estimular la emoción descrita en la historia. Después de que el centro de comprensión del lenguaje se active, se activan los centros de memoria. Esos centros de memoria impulsan al centro de comprensión del lenguaje en un patrón de toma y daca. Imagine que sus centros del lenguaje están sentados con su hipocampo, cerebelo y corteza prefrontal y tienen una conversación de hechos pasados. Esa comunicación hará que otra parte del cerebro, el hipotálamo, se ponga a trabajar. Esta parte libera y crea hormonas, se comunica con el sistema nervioso, etc.

La respuesta de su cerebro al escuchar una historia es casi la misma que si usted mismo estuviera viviendo los eventos.

A medida que su cerebro procesa la información y revive las emociones pasadas, se empiezan a notar las respuestas físicas. Cuando escucha una historia emocionante, su cerebro le dice a su glándula suprarrenal que se encienda y produzca cortisol. Ese cortisol regresa al cerebro y le dice: «¡Estamos en peligro! ¡Hay amenazas potenciales!». Puede hacer que resulte incómodo sentarse quieto mientras aumenta el ritmo cardíaco y se experimenta un sudor frío o la piel de gallina.

O, si se trata de una historia feliz, el hipotálamo producirá dopamina o cualquier otra hormona «para sentirse bien». Se relajará o se sentirá atraído. Puede que se incline hacia adelante, descruce sus brazos o piernas, y apoye su barbilla en sus manos. Usted está atento, pero no tiene miedo.

La investigación moderna ha confirmado lo que los ancianos conocen desde hace siglos. Las historias hacen que la gente sienta algo más significativo que lo que normalmente experimentan, ya que provocan una respuesta que otros desencadenantes no pueden provocar.

Narración efectiva de historias a través de la ciencia

La gente ahora sabe, sin duda, lo que una historia convincente puede hacerle al cerebro. Entonces, ¿cómo puede tomar esa información y crear su propia historia exitosa? En realidad, esto es algo formulista.

Los objetivos principales son:

1. *La respuesta emocional*: ponga al lector en el lugar del personaje principal.

2. *Dele una identidad a una cuestión*: destaque la importancia del problema y el posible impacto o consecuencias.

3. *Conecte una mayor audiencia a un desafío específico*: evoque una conexión a través de la experiencia humana compartida.

4. *Haga que la audiencia se sienta humanizada*: evite dramatizar los eventos más allá del ámbito emocional del conjunto de la sociedad, pero también confíe en que sus lectores entenderán la historia.

5. *Aumente la tensión*: dele a su historia un momento de acción o muerte.

6. *Muestre los efectos en lugar de contarlos*: evoque la emoción a través de señales visuales.

No es necesario tratar de llegar a todo el mundo. Hay que llegar al público con estos seis objetivos que caracterizan la narración de historias convincentes.

Llevará tiempo desarrollar cada una de estas características en su historia y, sobre todo, las notará a través del proceso de edición. Después de encontrar su historia y escribirla, tiene la oportunidad de evaluar a fondo lo que ha creado en relación con cada uno de estos elementos. No se agobie al tratar de implementar todos estos objetivos a la vez. Algunos pueden aparecer de forma natural en su historia y otros puede que tenga que crearlos al alterar el lenguaje, cambiar el ritmo o dar más (o menos) información.

La narración de historias junto con la ciencia

Nat Kendall-Taylor es un orador que trabaja en el campo de la antropología psicológica. Participó en una charla viral de TEDx sobre los puntos comunes de la experiencia humana y el compromiso cultural. Cuando trabaje en su historia, considere con mucha atención la probabilidad de que muchas otras personas tengan opiniones y experiencias con temas candentes que podrían parecer demasiado grandes para la comprensión.

A través del desarrollo cultural compartido y la capacidad humana de empatizar con alguien, las personas han cambiado su forma de pensar y de tomar decisiones. Esa experiencia humana y el compromiso cultural pueden ayudar a los narradores de historias y a la audiencia. Pensemos que alguien que nunca ha sufrido escasez de alimentos o la desigualdad racial seguirá teniendo una respuesta debido a la experiencia cultural y, a menudo, esas respuestas desarrolladas son muy predecibles.

Una de las formas de manejar esta respuesta predecible es rociar su historia con una base de hechos e investigación científica. El uso de la ciencia en una historia mantiene la relevancia en el impacto deseado. Sin embargo, cuando se combina la opinión de los expertos, la investigación científica y la opinión pública, se obtiene una cultura. Esta es la situación ideal para una historia impactante.

Los hechos por sí solos no lograrán los resultados deseados, por mucho que se produzca un resultado predecible. Una historia por sí sola puede lograr estos resultados, pero para que tenga impacto y eficacia, combine ambos con un énfasis en la cultura, partes menores de los hechos y el reconocimiento de la opinión pública.

Puede utilizar esas experiencias culturales compartidas, junto con los hechos, para lograr los seis objetivos discutidos anteriormente.

Lo que está haciendo en este caso es unir la ciencia, la cultura, la experiencia humana y su historia. Lo hace mediante lo que se discutió anteriormente en este capítulo: la creación de hormonas. Se trata de un evento de ciclo completo y no hay que empezar en ningún lugar en particular.

Con una buena narración de historias, es probable que la mente humana experimente:

- Vasopresina

- Serotonina

- Dopamina

- Endorfinas

- Oxitocina

Tal vez las hormonas más importantes son la dopamina, la oxitocina y las endorfinas. La presencia de la dopamina provoca un aumento de la concentración, una mejor construcción de la memoria y un aumento de la motivación. Le hace querer salir y hacer algo, algo significativo y recordar por qué lo hace.

La oxitocina fomenta la generosidad, la confianza y la vinculación, lo que significa que hace que la gente se sienta más humana. Aumenta las cualidades humanas que todos experimentan juntos y, por lo tanto, es una experiencia humana compartida. La generación de oxitocina tiene un efecto doble incorporado. Debido a que la historia en sí misma está generando oxitocina y haciendo que se sienta conectado, cuando la oxitocina hace efecto, usted está realmente involucrado y comprometido.

Finalmente, las endorfinas le hacen sentir bien. Le hacen sentirse relajado y a gusto.

Sin embargo, cuando el público comienza a general cortisol y adrenalina, se está preocupando. El público experimenta ansiedad, un aumento del ritmo cardíaco y una sensación de inquietud. Estas dos hormonas, principalmente cuando coinciden, hacen que la gente se sienta:

- Poco creativa

- Irritable

- Crítica

Ese es el efecto de la mayoría de las historias en el lugar de trabajo e incluso a través del *marketing*. Con demasiada frecuencia, los narradores de historias quieren crear una sensación de urgencia y creen que, para hacerlo, necesitan impactar al oyente o al público y hacerles sentir que necesitan actuar ahora mismo. Sin embargo, se obtienen mejores resultados al crear anticipación, motivación y al centrarse más en la creación de estas hormonas.

Existen unas pequeñas trampas para crear hormonas, particularmente en la narración de historias:

- Para crear endorfinas, haga reír a su público.

- Para crear dopamina, haga uso de momentos culminantes.

- Para crear oxitocina, hay que crear empatía al establecer transparencia y autenticidad.

- Para crear las tres hormonas, concéntrese en crear suspense.

Entonces, para implementarlas, siga estos tres consejos:

1. Entienda que no existe un narrador «adecuado», usted es su propio narrador.

2. Escriba sus historias y examínelas para obtener las acciones y reacciones mencionadas con anterioridad.

3. Clasifique estas historias en base a la asociación hormonal para construir una historia sólida con buenas sensaciones o impactante.

Ahora bien, existe un vasto mercado que ya está haciendo precisamente esto: los vendedores y los equipos de publicidad. Durante décadas, las empresas llevan creando historias destinadas a estimular esas hormonas, para crear la respuesta deseada, y lo llevan haciendo con un éxito significativo.

Por ejemplo, Luvs —una famosa marca de pañales que suele ser la tercera en la línea detrás de Huggies y Pampers— utiliza la narración de historias. Ellos aceptan e incluso identifican que no son Pampers ni Huggies porque su historia es que los padres eligen Luvs después de tener a su segundo hijo.

Imagínese lo siguiente: ambos padres discuten por un pequeño aparato de baño para bebés, mientras el recién nacido llora, y se pelean por las prácticas generales de la limpieza. Después (años más tarde), la apurada madre corre al dormitorio de atrás con un niño parcialmente desnudo y ve al padre en la ducha. La madre le pasa al niño y está claro que la pareja ha tenido éxito en esta parte de la paternidad desde hace un tiempo. Luego se muestra a la madre con un niño mayor y ya limpio preparado para ir a la cama. El narrador del comercial dice: «Con su segundo hijo, cada padre es un experto y es más probable que elija Luvs». Después de esa mención, se muestra una comparación de absorbencia en comparación con un pañal de Huggies.

Ese comercial es un ejemplo perfecto de la narración de historias confirmadas por la ciencia. Ofrecen una historia con la que casi todos los padres se sienten identificados: la lucha y el estrés de bañar a un recién nacido sin tener ninguna experiencia. Después, muestra el modelo de éxito y hace reír a los espectadores. Finalmente, ofrece una estadística, que Luvs descubrió a través de sus estudios, que la mayoría de los usuarios de Luvs tienen un segundo hijo o más. Esto sella el trato con la absorbencia. Proporciona cultura, percepción pública, hechos y una visión científica para que el espectador la experimente.

Usar los datos de marketing para perpetuar las historias y los cambios en su vida

«El *marketing* ya no es sobre las cosas que se compran, sino sobre las historias que se cuentan».

Seth Godin

A pesar de que ha habido narradores de historias profesionales fuera del mundo del espectáculo durante décadas, la prueba está finalmente saliendo a la luz. Gracias al *marketing* basado en la narración de historias y a los datos que los equipos de *marketing* captan, se pueden establecer números precisos sobre lo convincente e impactante que es una historia.

Harrington Communications publicó un estudio en el que el 80 por ciento de las personas recordaban cosas que habían visto o experimentado. Como se ha dicho al principio de este capítulo, lo memorable es el propósito de lograr esta experiencia o visión. Toda esa experiencia proviene de asegurar que su historia sea significativa, útil y que logre objetivos específicos.

El segundo paso que verá para la validación de la narración proviene del mismo estudio de Harrington Communications. Se descubrió que un 75 por ciento de los espectadores irían directamente al sitio web de la compañía después de ver un vídeo de marca que contenía un mensaje entregado a través de la narración de historias. Más adelante, este libro explica cómo los múltiples medios entran en juego durante la narración moderna. Hace unas décadas, la narración de historias era cosa de un autor, vendedor o motivador; sin embargo, ahora la narración de historias se da en múltiples plataformas y puede llegar a audiencias inesperadas.

¿Qué le dice eso sobre la narración de historias? Esto demuestra que tiene una base científica para cambiar la forma de pensar de la gente y convencerla de algo nuevo. Mientras que el *marketing* se ve principalmente como un departamento artístico dentro de un negocio, se basa mucho en los datos.

Hay datos detrás de decidir una paleta de colores o elegir una fuente sobre la otra. Mientras que los vendedores de las décadas anteriores han pasado demasiado tiempo eligiendo combinaciones de colores y fuentes, los vendedores de ahora lo hacen por la marca y con la narración de historias. Ellos están volcando datos para crear aún más datos sobre la narración de historias y hacer que este arte sea mucho más científico. Al incorporar lo que los investigadores de hoy en día están aprendiendo sobre la actividad cerebral durante la narración y la escucha, queda claro que la narración de historias no es solo un arte, sino una ciencia.

Capítulo 3. Cómo encontrar su historia

La mayoría de las personas se esfuerzan por encontrar sus historias porque no creen que tengan mucho que contar. Definitivamente usted tiene una historia que vale la pena contar y que tendrá un impacto significativo. Particularmente si es propietario de un negocio o empresario, ha experimentado algo: abrir un negocio que a muchos les interesa, pero que en realidad tienen demasiado miedo para hacerlo ellos mismos. La historia de cómo se dio cuenta de que su negocio era su pasión y, finalmente, fundó su empresa, es una historia de pasión, riesgo y emoción. Todo el mundo tiene historias que vale la pena compartir y este libro le ayudará a encontrar la suya.

Entonces, ¿por dónde empezar? ¿Cómo puede uno encontrar su historia y hay más de una que contar? Empiece por identificar los posibles momentos clave de su vida. Aunque le parezcan insignificantes o totalmente normales, podrían haber sido los catalizadores que le llevaran a donde está ahora. Recuerde que cada historia tiene un comienzo y ese comienzo no tiene que ser la fecha en la que nació. A menudo el comienzo de una historia es un momento que impactó en cómo se imaginaba al mundo que le rodeaba y cambió su comportamiento.

Actividad

Haga una pequeña lista de los momentos de su vida que recuerde más vívidamente. Recuerde lo que se mencionó en el capítulo 2: el uso de un punto memorable y que cada historia debe comenzar con uno. Ahí es donde este ejercicio entra en juego. Escriba entre cinco y diez momentos memorables de su vida. No es necesario que sean interesantes, también pueden ser aburridos.

Si es escéptico de esta actividad como punto de partida para encontrar su historia, observe una famosa historia de ficción que comenzó con algo muy normal para el personaje principal.

El Hobbit de J.R.R. Tolkien comenzó con una breve explicación de los hobbits. Sin embargo, en esa breve introducción, Tolkien comunicó que Bilbo Bolsón era probablemente el hobbit más aburrido y más típico que cualquiera, incluido él mismo, pudiera imaginar. Entonces él tuvo un encuentro muy normal (aunque bastante frustrante) con Gandalf, que cambió la vida de Bilbo. Ese encuentro casual lo llevó de una cosa a otra, hasta que se encontró cara a cara con el dragón Smaug.

Ahora bien, *El Hobbit* es un cuento ficticio y, claramente, no ocurrió en realidad, al menos no en este mundo. Pero sigue siendo una buena historia. Comienza con ese insospechado momento memorable y crucial cuando Bilbo conoció a Gandalf y Gandalf decidió que el hobbit se convertiría en un ladrón.

La lección principal que puede sacar de este clásico de J.R.R. Tolkien es que los momentos aparentemente insignificantes llevan a eventos que cambian la vida. Esa conversación cambió drásticamente la vida de Bilbo y alteró su identidad tan radicalmente que se volvió temperamental y aventurero, todo lo contrario del aburrido hobbit de la primera página.

Mientras elabora su lista de momentos en la vida, piense en los posibles encuentros. Gran parte de la vida de la gente gira en torno a las personas y las relaciones. ¿Qué momentos y encuentros en su vida le han cambiado drásticamente? ¿Fue una entrevista de trabajo que salió muy bien o, quizás, muy mal? Tal vez fue el día que conoció a su pareja, lo que cambió el curso de su vida, su trayectoria profesional y sus planes financieros.

La vida y las historias de la gente están hechas de pequeños momentos que llevan a otros pequeños momentos que, colectivamente, constituyen cambios masivos. Mientras busca su historia, busque estos pequeños momentos y cuestione su grado de impacto. Aunque la historia que cuente no sea necesariamente sobre una experiencia universitaria o una historia basada en el trabajo, recuerde su entrevista universitaria o su primera entrevista de trabajo. ¿Cómo era usted? ¿Cómo era el entrevistador? ¿Era usted muy diferente hace todos estos años?

Probablemente era muy joven y no tenía todas las habilidades necesarias para prosperar sin ayuda, pero allí, al otro lado de la mesa, había una persona de autoridad que le hacía preguntas que decidirían su futuro inmediato.

Enfoque esto como un ejercicio porque lo que tiene en su lista inicial probablemente no terminará como el comienzo de su primera gran historia. La primera historia que utilice para su marca, en un aula o en la vida diaria, no tiene por qué ser prolífica, pero, por lo general, las personas saben lo que quieren escribir y dudan hasta que se dan cuenta de que se trata de una historia adecuada. Otra posibilidad de encontrar su historia consiste en contar una historia increíblemente única. Algunas personas viven vidas que parecen sacadas de la ficción. Es por eso que la frase «No se lo podría haber inventado, aunque lo intentara» existe. A menudo, la vida es más extraña que la ficción. Pero estos eventos parecen muy poco frecuentes y, a menudo, desafortunados.

Hay gente en el mundo que ahora vive una vida normal, pero su pasado es algo más complicado de lo que la mayoría de la gente puede imaginar. Antiguos miembros de una secta, víctimas de acoso, supervivientes de intentos de asesinato y de desastres que amenazan la vida, todos tienen historias que dejan perplejos y fascinados a todos los demás.

Mientras que muchas de las historias comienzan con un momento bastante corriente en el tiempo, otras implican puntos de giro críticos. No rehuya de las historias que arrastran un pasado infeliz, impactante o incluso traumático.

Un gran ejemplo es la historia personal de Kathleen Baty, más conocida como *The Safety Chick* (La chica de la seguridad). Ahora, Kathleen dirige un negocio llamado *The Safety Chick* y vive una vida normal. Si se la encontrara en la calle, nunca adivinaría la historia que tiene que contar, pero si sigue su marca, conocerá su historia de cerca. La historia de Kathleen es la historia de su marca. Es la razón por la que fundó su negocio y ha dedicado su vida a ayudar a la gente a mejorar el conocimiento de su entorno y sus habilidades de seguridad personal.

Durante más de una década, a Kathleen Baty la estuvo acechando un antiguo compañero del instituto. Después de años de acecho, el acosador irrumpió en su casa y la retuvo a punta de pistola. En su historia, señala que en ese momento estaba preparada mentalmente para cualquier cosa, pero el azar y el pensamiento estratégico le permitieron contactar con los servicios de emergencia, enviar un equipo SWAT al lugar y, con las manos atadas a la espalda, saltó una valla para ponerse a salvo. Esa es la historia que Kathleen comparte cuando habla de por qué fundó *The Safety Chick* y eso le impacta mucho a la gente. ¿Por qué la gente se siente tan impactada por una historia que no tiene ningún elemento que haya experimentado?

Lo común de esta experiencia única y la audiencia de Kathleen en la mayoría de las situaciones es el riesgo compartido. Cualquiera puede ser víctima de un ataque y todas necesitan aprender a protegerse. Es probable que, aunque nunca se haya visto acosada o atacada, aún pueda entender esa temida sensación de caminar sola por un oscuro aparcamiento. Es inquietante y, al utilizar su historia para llamar la atención sobre su marca y su negocio, Kathleen ha ayudado a muchas personas a aprender técnicas defensivas y a crear conciencia sobre las víctimas de acecho

Entonces, ¿cómo sabe si su historia contiene un punto de giro crítico? Simplemente, lo sabrá. El abuso, los tiempos difíciles, los desafíos en un nuevo trabajo o en un nuevo lugar, así como los problemas familiares pueden ser puntos críticos de giro únicos. Estas son las historias que rompen las percepciones o cambian la forma en que la gente piensa sobre el narrador y otros que han estado en su situación.

Si volvemos al ejemplo de Kathleen Baty, su acecho comenzó antes de Internet, pero las redes sociales lo empeoraron. La respuesta pública estándar es que, si alguien te está molestando en Internet, deja de conectarte. Sin embargo, con Baty, eso no fue suficiente. Es una ruptura de percepción importante que su público casi siempre experimenta, a menos que haya escuchado su historia previamente.

Ahora ya tiene una lista de puntos de partida de momentos memorables o algunos puntos de giro críticos. ¿Qué es lo siguiente?

Hágase estas preguntas para empezar a determinar si ha encontrado su historia o tal vez para trabajar hacia la verdadera historia desde estos puntos de partida.

- ¿Por qué sucedió esto? (Recuerde que no todas las historias son «sus» historias).

- ¿Se pudo evitar el suceso?

- ¿Fue intencional?

- ¿Le inspira su historia ahora?

Reúna sus respuestas a estas preguntas y permítase vagar. A medida que deambula, puede determinar si su historia particular tiene puntos claramente conectados, o si está descubriendo muchas historias desconectadas, pero más pequeñas.

Entonces, tendrá que determinar la motivación de la historia y el propósito de contarla. ¿Qué es lo que va a lograr esta historia y por qué debe compartirla? La respuesta a estas preguntas solo puede venir de explorar la historia, probarla y, luego, después de quizás unos pocos párrafos o incluso un primer borrador completo, determinar si es la historia correcta para contar ahora y si está dirigida a la audiencia adecuada.

¿Sigue atascado? Haga lo siguiente:

1. Lleve un Notebook

Podría usar una aplicación para tomar notas. Aplicaciones como Trello, OneNote o Evernote son útiles y pueden ayudarle a mantener sus pensamientos en orden. Tome nota cada vez que se dé cuenta de que algo importa en su vida. O tome nota cuando se dé cuenta de que cuando mantiene una conversación normal, siempre vuelve al mismo puñado de historias.

2. Registre sus pensamientos: escriba un diario para referencia.

Registrar sus pensamientos en una nota de audio o en un diario está muy bien porque puede hacer referencia a ese material siempre que esté elaborando una historia en el futuro. El uso de aplicaciones modernas de diario, como Day One, es útil para buscar con palabras concretas y catalogar entradas de diario con imágenes. Puede hacer que sea fácil encontrar los pensamientos y sentimientos sobre los que estaba reflexionando en aquel momento. Sin embargo, si prefiere el viejo método del lápiz y el papel, puede usar algunos trucos para que resulte fácil de consultar. Si sabe que está reflexionando sobre algunos temas importantes, o incluso tiene emociones tristes y felices, utilice etiquetas o rotuladores codificados por colores. Así podrá hojear rápidamente las páginas y hacerse una idea de lo que tiene en cada una de ellas.

3. Documente los eventos que cambian la vida a medida que suceden

Los eventos que cambian la vida pasan casi siempre, pero los momentos particulares sobresalen y merecen una atención especial.

Imagínese a la gente que escribió un diario de lo que experimentaron después de los eventos del 11 de septiembre. ¿Podría haber anotado lo que estaba haciendo durante la recesión de 2008 o durante la crisis del COVID-19? Mucha gente escribe diarios específicos para documentar su vida justo antes y después de casarse. Otros llevan un diario durante la apertura de un negocio o cuando empiezan una nueva profesión.

4. Conózcase mejor a sí mismo

Nada es más útil para encontrar su historia que el encontrarse a uno mismo. Muy a menudo, la gente se pierde en retratar lo mejor de sí misma y entonces está la cuestión de la autenticidad. ¿Es usted quien realmente es, cuando está delante de los demás o cuando está solo? ¿Puede ser ambas cosas? Conocerse mejor a sí mismo es un proceso largo, pero gratificante. No solo le ayuda a descubrir sus historias, sino también a comprenderlas mejor.

La prueba de encontrar su historia. ¿Se trata de algo significativo?

Si no le resulta significativo a usted, entonces ciertamente tampoco le resultará significativo a nadie más. Su historia debe ser única, ofrecer una visión y dar perspectiva a sus experiencias y ayudar a otros a aprender más sobre sí mismos. Sin embargo, muchas personas luchan por encontrar su historia y luego entregarla de una manera que impacte. Es fácil decir, «Oh, esto pasó cuando era un niño», o «Entonces me despidieron y las cosas empeoraron».

Encontrar su historia no se trata solo de identificar el momento en el que eventualmente comenzará su historia. Se trata de darse cuenta de lo que le llevó a ello y cómo se solucionó. Como narrador, debe conocer toda la historia anterior y todo lo que vino después. Aunque la narración de historias ciertamente difiere de la escritura de una novela o un cuento corto, debe seguir la misma estructura básica de principio a fin. Por lo tanto, debe tener la acción ascendente, el punto culminante y la acción descendente.

Es difícil saber por dónde empezar. Sin embargo, cada historia tiene un comienzo y la mayoría de las historias comienzan en los medios de comunicación. *In media res* es una locución latina que significa empezar en el medio de las cosas. Su audiencia (ya sea que se trate de sus seguidores en las redes sociales o de una audiencia físicamente delante de usted) no necesita toda la historia de fondo para entender su historia. Tampoco necesita, o quiere saber, todo lo que vino después de la resolución. Quédese tranquilo mientras busca su historia, ya que no necesita saber exactamente el punto de inicio, el punto culminante o el punto final, por el momento.

A medida que vaya encontrando su historia o tal vez experimentando con posibles historias, tendrá que aprender más acerca de su elaboración, cómo usar la estructura, el tono y el ritmo para poder avanzar.

Capítulo 4. Cómo elaborar su historia

La elaboración de su historia exige que sepa exactamente qué historia está contando. Es necesario matizar algunos detalles, como lo que sucede al principio, en el medio y al final, y cómo se llegará a cada punto. Desafortunadamente, aprender a crear una historia solo se logra a través del acto de hacerlo. A medida que comienza a sacar a relucir su historia y lo que cada segmento debe lograr, se dará cuenta de que hay ciertas funciones y procesos por los que tiene que pasar.

Para empezar, aquí están los fundamentos que se necesita conocer: su personaje, su voz de narrador, la función del triángulo narrativo y el esquema de su trama. Después de definir estos elementos de su historia, puede sumergirse en la escritura real. Sin embargo, una vez que se haya escrito la historia, no significa que se haya terminado. Este libro se refiere a la elaboración de una historia más que a la escritura de una historia porque hay muchos pasos en este proceso y podría durar para siempre. Lo que ayuda a la mayoría de las personas en su nueva narración es tener una lista a la que referirse.

Lista de creación de historias

- Establezca la finalidad de su historia

- Defina claramente los personajes, incluyendo el suyo propio

- Limite el alcance de su narrador: ¿lo sabe todo o solo tiene su propia perspectiva?

- Escriba su historia. Utilice una estructura para ayudar a controlar el desarrollo

- Revise todas las partes de su historia para comprobar su autenticidad

- Edite cada sección para obtener una mayor claridad

- Revise y edite de nuevo para obtener una conexión emocional

- Revise y edite una última vez para facilitar la lectura y el disfrute

Esta lista es solo una referencia a la hora de crear su historia. Se va a sumergir profundamente en cada uno de estos puntos para tener una guía completa de cómo avanzar en la escritura de su primera historia, editarla y pasar por el proceso general de elaboración.

Paso uno: establezca la finalidad

«Una historia ya ha terminado antes de que la oigamos. Así es como el narrador sabe lo que significa».

Joan Silber

Como se mencionó en el capítulo 1, hay cinco tipos principales de historias. Su primer objetivo antes de empezar a describir, pero después de encontrar su historia, es establecer su objetivo. ¿Se trata de una historia de «¿quién soy?» o, ¿se trata de una historia educativa?

El objetivo de su historia no siempre tiene que estar en la cara de su público. Puede ser muy sutil. Algunos de los mejores narradores del mundo, quienes establecieron su punto de vista sin predicar abiertamente a su audiencia, trabajan para Pixar.

Para ver el propósito de establecer una idea y el papel que este paso jugará en la creación de su historia, no busque más allá de WALL·E de Pixar.

WALL·E comienza con un robot muy optimista, limpiando una Tierra muy desolada. Luego, durante el segmento de acción ascendente, la audiencia llega a entender que WALL·E es uno de los miles de robots que quedan con el encargo de limpiar la Tierra que los humanos destruyeron. Ahí es donde aparece lo esencial, porque Pixar lo hace muy bien al establecer su objetivo con antelación. Sin decir nada, se nos muestra la Tierra en un terrible estado. Es un enfoque muy diferente al de la narración tradicional. En cambio, los narradores de Pixar comienzan al establecer el centro de la historia de una manera muy sutil. Después, a lo largo de la historia, se revela el objetivo y, finalmente, se le permite a la audiencia concluir que solo había un fin posible en toda la historia, que era inevitable.

El papel de tener una finalidad y llegar hasta ella se discute en el capítulo 2, donde la ciencia rige la narración de historias. Al llegar a una finalidad, como lo hacen los maestros narradores, puede perpetuar la anticipación e impulsar el compromiso, el enfoque y la memoria de su público.

Al volver al ejemplo, uno se da cuenta de que la finalidad es el estado de la Tierra, no WALL·E. ¿Y qué sucede? Los humanos limpian la Tierra. Sin embargo, nunca habrían llegado a ese punto sin WALL·E. Usted tiene que lograr este efecto de círculo completo y solo puede lograrlo si comprende bien la finalidad antes de empezar.

Algunas de las finalidades comunes de la narración de historias son:

- Hacer una venta o ganar un cliente
- Declarar su postura sobre un tema de actualidad
- Dar resolución o perspicacia a un evento público bien conocido
- Compartir una experiencia con su público para construir una relación específica, como una relación conyugal o de amistad

Si todavía le cuesta encontrar la finalidad de su historia, considere completar las siguientes frases:

1. Quiero contar esta historia porque _____.

2. Los lectores necesitan escuchar esta historia para poder dejar/empezar a_____.

3. Después de compartir esta historia, podré _____.

4. Después de escuchar esta historia, los oyentes deberían _____.

5. Esta historia comparte experiencias humanas, como _____ o _____.

Con estas cinco frases, debería obtener una comprensión bastante clara de lo que desea ver salir de esta historia y de cuál es su punto de vista al contarla.

Paso dos: defina su personaje y su narrador

En la narración de historias, no hay ninguna regla sobre los personajes o el narrador. Sin embargo, hay formas comunes generales de manejar ambos. Primero, hay historias personales contadas a través de la primera persona. Después, están todas las demás historias.

Cuando se cuenta una historia personal a través de la primera persona, generalmente es más fácil entender al personaje y al narrador. Claramente, usted ya conoce a su personaje; pues se trata de usted. Pero con la voz de la narración, es necesario determinar si está contando la historia con todo el conocimiento que tiene ahora o si está empezando como si no tuviera ni idea de lo que está por venir.

Para ver esto en acción, puede comparar el relato de David JP Phillip sobre su hijo mortinato en su charla TEDx, «La magia de la narración», con la narradora Scout de *Matar un ruiseñor*. Cuando Phillips habla de su pérdida, comienza la historia con dos padres desprevenidos de un niño de cinco años. La familia está esperando a su segundo hijo y el tiempo de esta narración es tiempo pasado, que es la elección del verbo para la mayoría de las historias. Mientras que, en *Matar un ruiseñor*, la narradora Scout está relatando eventos que le ocurrieron dentro de los confines de la ficción, les dice a los lectores directamente en la primera página: «Cuando habían pasado suficientes años para que pudiéramos mirar hacia atrás, a veces discutimos los eventos que llevaron a su accidente». Con esta frase, la narradora le dice directamente a su audiencia que le contará los eventos con la perspectiva de un adulto. Sin embargo, la historia tuvo lugar durante su infancia. Esos son los elementos que hay que considerar cuando se define al personaje y al narrador. Ahora, si está trabajando con una historia no personal o una historia personal contada en tercera persona, necesita prestar más atención al desarrollo del personaje. Si una historia comienza y termina sin ningún cambio en el personaje principal, su público se sentirá muy decepcionado. Responda a estas preguntas sobre su personaje principal:

- ¿Qué lucha o estancamiento está experimentando su personaje al principio?

- ¿Cómo le afectan los eventos del punto culminante de la historia y cómo cambia a causa de estos eventos?

- ¿Cómo sigue su personaje esos eventos?

- Compartirá los pensamientos internos de su personaje?

- ¿Cómo se identifica con su personaje? ¿Se trata de usted con un nombre diferente o alguien más completamente distinto? ¿Le gusta su personaje?

Para ayudar a definir el alcance de su narrador, hágase estas preguntas:

- ¿Es su narrador un personaje o una entidad diferente? Ambas son ocurrencias comunes.

- ¿Se le permite a su narrador interponer su opinión? Eso es popular entre los narradores de historias en público.

- ¿Cuáles son las diferencias en educación/conocimiento, etc., entre su narrador y sus personajes?

Paso tres: prepárese para escribir de manera auténtica

Todo narrador tiene muchos temores sobre el proceso de elaboración y cómo abordar su historia cuando se trata de sentarse a escribir. Usted no es el único que se preocupa de que alguien lea su historia y sienta que lo ha descubierto de alguna manera. No es el único escritor que siente que compartir una historia podría exponer alguna parte de su interior que preferiría mantener en privado. Tampoco es el único que se pregunta si, como narrador, no tiene mucho que dar. Muchos experimentan estos miedos con la narración y la escritura, y si no los experimenta, es usted afortunado.

Uno de los elementos más críticos de su primer borrador es su dedicación a la autenticidad. Cada historia tiene un primer borrador y, aunque solo se compartan historias orales, es vital que se escriban en papel. Cuando se realiza el acto de escribir, se puede controlar visualmente el flujo y el reflujo de la historia, observar a los personajes y ver que el sentido de la historia se hace más presente con cada frase. Recuerde que probablemente será la única persona en el mundo que verá este primer borrador. Sea auténtico y tan honesto como sea posible. Es importante hablar brevemente de cómo la autenticidad y la tendencia actual de «ser auténtico» son diferentes de la honestidad.

Existe este argumento continuo sobre la autenticidad y que la gente debe aprender a convertirse o abrazar a su yo auténtico. La verdad es que usted es usted mismo y si pone una cara diferente o muestra un lado diferente de su personalidad, ese sigue siendo usted mismo.

Cuando escriba, sea tan autentico y puro como le sea posible. Si habla de su familia, refiérase a ellos por su nombre o como *mamá y papá*. Siempre puede revisar y editar para darles nombres como personajes más tarde. Muchos narradores de historias lo hacen, otros no. Puede parecer que la gente no es auténtica cuando hace un cumplido insincero, pero ¿no son auténticos en su deseo de no herir los sentimientos de una persona? Usted va a ser auténtico pase lo que pase, así que puede hacer lo que quiera sin el filtro de creer que otras personas lo juzgarán o criticarán. Usted tiene muchos lados y diferentes aspectos de su personalidad, y esos no siempre se alinean a la perfección. Mientras está escribiendo su primer borrador, deje de lado los detalles de sus valores y personalidad tanto como sea posible, y en su lugar concéntrese en crear lo que le parezca correcto.

Entonces, ¿cómo se puede ser auténtico y cómo se sabe si se es auténtico? La única pregunta que importa es: *¿es usted honesto consigo mismo?*

La honestidad, por otro lado, es otro tema y es un tema basado en la audiencia. Donde la falta de autenticidad puede ocurrir al mentirse a uno mismo, la honestidad general se centra en su honestidad con los hechos de los eventos. Un público puede saber cuando el narrador está mintiendo abiertamente, pero los narradores pueden adornar o añadir énfasis a ciertos eventos para mejorar la experiencia de la narración. Imagine que un adorno es como añadir una pizca de sal a su historia. Mientras que mentir sobre los acontecimientos es servir chile y llamarlo puré de patatas.

Este libro le dejará en control de la honestidad y ahora se centrará en el elemento de la autenticidad, porque es algo que muchos narradores de historias luchan por manejar. Aquí hay un puñado de consejos para ayudar a construir y probar la autenticidad mientras escribe:

• *¿Atrapado en su historia?* Evoque los sentidos. Si no está seguro de la autenticidad de su relato, cuente lo que vio, olió, sintió, oyó y probó.

Los sentidos pueden despertar e impactar tanto al narrador como al público. Por ejemplo, la mayoría de los adultos han experimentado una ruptura. Cuando se cuenta una historia sobre una ruptura, se puede compartir la angustia, el deseo de comer cualquier cosa de la nevera, o nada en absoluto. Sin embargo, todo eso es un detalle de la superficie; no se está dando permiso para estirarse en ese nivel de apertura que es auténtica para usted. Se está mintiendo a sí mismo diciendo, «Oh, esta ruptura fue tan mala que me comí una tarrina de helado». Pero si profundiza en los sentidos, puede sorprenderse a sí mismo. Puede decir: «Mi cuerpo se sentía caliente y todo estaba borroso por las lágrimas, mientras que mi garganta estaba seca y mi lengua se sentía demasiado grande para mi boca. Decir que era un desastre habría sido un eufemismo drástico».

- *Deje de juzgarse a sí mismo.* Esa crítica interior es la muerte de muchos grandes narradores. Apáguela. Siempre que tenga un pensamiento crítico, considérelo un miedo interior que nunca será real, como la mayoría de las otras preocupaciones.

Sus recuerdos e ideas son únicos y no hay nada que le impida, al menos, grabarlos. Ahora puede decidir que algunas historias no son para compartir por una variedad de razones. Pero con el objetivo de la autenticidad en mente, nunca debería dejar de escribir la historia. Es posible contar estas historias que más miedo le dan en un contexto diferente. No todas las historias personales tienen que ser contadas en primera persona. Puede crear una versión de sí mismo, pero eso es más tarde en el proceso de edición. Por ahora, acepte que usted y todos los demás en la Tierra han hecho cosas vergonzosas y han experimentado un miedo o preocupación injustificados. No está solo y el crítico interno que dice «Esto es una tontería» no debería impedirle compartir una historia. Elévese por encima de ella.

- *Acuda a un taller de escritura.* Encontrar un taller o un compañero de escritura puede ayudarle a superar ese límite inicial de incomodidad. Lo que cuenta en público, la versión filtrada y editada puede mejorar cuando tiene a alguien que le motiva a hacerlo mejor.

Encontrar un taller es bastante fácil, ya que puede encontrar muchos en línea. Hay podcasts de talleres que puede seguir y casi todas las universidades tienen talleres de escritura. Cuando se tiene a alguien con quien hablar físicamente, se pueden tener esas conversaciones difíciles que se convierten en revelaciones y, eventualmente, en historias que cambian la vida.

Paso cuatro: estructura de la pirámide de Freytag

Su historia debe tener un principio, una parte central y un final. Esto no es realmente negociable. La pirámide de Freytag es algo que la mayoría de la gente aprende en la escuela y es la estructura básica de triángulo usada para definir el formato de la historia. Básicamente, debe haber un comienzo y después algunas cosas deben suceder que naturalmente llevan al momento culminante, luego algunas cosas deben terminar la historia para llevarla a un final satisfactorio.

Sin embargo, todo eso es mucho más fácil de decir que de hacer. Su libro, película e historia favoritos siguen esta estructura hasta un cierto punto. ¿Cómo se puede ejecutar al mismo nivel? Cuando entiende la función de cada punto de la pirámide de Freytag, puede crear un esquema más completo que debe generar una historia altamente funcional y atractiva.

1. Introducción

La introducción existe para proporcionar la historia de fondo necesaria y la fuerza emocionante. Si no puede fascinar a su audiencia con rapidez, necesita trabajar en esta parte en particular. Estará trabajando en gran medida en la exposición a través de esta sección al presentar a los personajes importantes, tal vez establecer el período de tiempo y el tono.

Al principio, le dará a su audiencia:

● Información sobre si esta historia es triste, feliz, divertida, dramática, etc.

● Quiénes son los personajes más importantes de la historia.

● Pistas sobre los principales cambios que se avecinan en estos personajes.

● La fuerza exterior que afecta al personaje principal o al protagonista, la fuerza motriz.

2. Acción ascendente

Después de que lo inicial le pasa al personaje principal, hay que seguir adelante. ¿Qué pasa después? Puede introducir más personajes, cambiar de lugar o algo similar. La acción ascendente es donde se puede crear anticipación, lo que crearía todas esas buenas hormonas discutidas en el capítulo 2. Esta suele ser la parte más larga de la historia.

Para ver el aumento de la acción en movimiento, veamos la historia de Ricitos de Oro y los tres osos. La introducción anuncia que Ricitos de Oro fue a dar un paseo por un bosque cercano y se encontró con una casa. Casi todo después de eso es la acción creciente. La acción creciente en la historia de Ricitos de Oro incluye:

- Ricitos de Oro prueba las tres gachas.
- Ricitos de Oro prueba las tres sillas y rompe la silla del osito.
- Ricitos de Oro prueba las tres camas y se duerme en la cama del osito.

La mayor parte de la historia se basa en que Ricitos de Oro prueba las tres cosas diferentes. Es lo que hace y perpetúa la sensación de seguridad de que no hay nadie en casa. De hecho, Ricitos de Oro se siente tan cómoda que se queda dormida. La acción ascendente sigue naturalmente a la introducción y conduce naturalmente al punto culminante, pero sigue siendo tan tentadora que el punto culminante es emocionante.

3. El punto culminante

No suele ser muy largo, lo que significa que cada frase debe servir a un propósito específico y directo. Aquí es donde las cosas cambian realmente a una escala mayor. El punto culminante de la historia es cuando los tres osos regresan a casa para encontrar a Ricitos de Oro. Es cuando Simba decide volver a casa y es cuando Blancanieves muerde la manzana envenenada. El punto culminante es a menudo mucho más avanzado en la historia de lo que la gente se imagina inicialmente. Así que no se desanime si parece que se está tomando un tiempo para llegar allí.

De la manera más clara posible: el punto culminante es el punto de la historia donde el principio y el final comienzan a reflejarse.

Lo que eso significa es que, durante el punto culminante, todo está en llamas, está encendido y ardiendo de manera brillante. Todos los valores, temas y lucha de personajes dados en la acción ascendente se desharán ahora.

4. Acción de caída

Ahora, las cosas están evolucionando. No se están desmoronando, aunque puede suceder. En cambio, a menudo las acciones conducen a la única conclusión natural. Si volvemos a Ricitos de Oro, hay alrededor de dos líneas de acción descendente.

«Y ella saltó y salió corriendo de la habitación. Ricitos de Oro bajó corriendo las escaleras, abrió la puerta y se fue corriendo al bosque».

Ricitos de Oro tiene una acción descendiente muy ordenada en la que todo se deshace con exactitud. Sale de la casa y vuelve al bosque donde empezó. Sin embargo, la conocida historia de Romeo y Julieta tiene una acción de caída un poco más complicada. En el punto culminante, Julieta decide fingir su muerte para poder vivir la vida que quiere en lugar de casarse con Paris.

La acción de caída de Romeo y Julieta incluye:

- Julieta se bebe el veneno falso.

- Romeo se bebe el veneno de verdad.

- Julieta se despierta y se da cuenta de su grave error y luego se suicida.

Pero lo que está igual de claro aquí es que el principio está deshecho en el sentido de que antes estas familias no dejaban de pelear, pero luego sus dos adolescentes tomaron una decisión juntos, lo que llevó al final natural de la lucha entre las familias, ya que compartían el dolor. Es una transición y un espejo.

Es muy probable que, al escribir su acción descendiente, se sienta como mucha acción en un corto período de tiempo. Eso es muy común; no lo rehuya porque, en este momento, está cumpliendo todas las «promesas» que le hizo a su público durante esa sección de acción ascendente de anticipación.

5. Conclusión o catástrofe

Hay una conclusión lógica de la historia, que debería ser satisfactoria y concluyente. No deje a su público con un momento de suspense. Ahora bien, si su historia aún no ha «terminado», proporcione una conclusión de «ahora mismo». ¿Cómo ha cambiado usted o su personaje en cuanto a punto de vista, perspectiva y cómo continuará eso?

A medida que llega a su conclusión, el público debe darse cuenta de que el final es un resultado de su personaje, no de las acciones que lo rodean. En la historia de David JP Phillips sobre la pérdida de su bebé, él concluyó que todavía es difícil; que es una lucha continua. Sin embargo, la mayor cuestión a la que se enfrentó después de enterarse de la falta de latido del corazón no fue cómo seguirían él y su esposa, sino qué le dirían a su hijo. Ese fue un cambio de perspectiva. El embarazo no era solo para ellos; eran padres por segunda vez, así que se involucró a una tercera persona a la que simplemente no se le podía pedir que entendiera esta situación. Fue literalmente la anulación de la introducción, que comenzó con él hablando de lo emocionado que estaba su hijo de cinco años por su próximo hermano.

Ahora observe una serie de conclusiones de la historia que deberían ser tanto familiares como razonablemente satisfactorias:

- Rapunzel ya no está encerrada en la torre.

- Blancanieves se despierta gracias a un príncipe que la rescata de un terrible destino.

- Ricitos de Oro decide no volver nunca a esa casa en el bosque.

- Descubren al Enano Saltarín y la reina queda libre de su contrato.

Paso cinco: edite para obtener más claridad y conexión

Esta parte del proceso de elaboración es difícil porque mucha gente siente que ya deberían haber acabado. Escriben la historia y después se dan cuenta de que necesitan hacerlo de nuevo. Después, tienen que editar una y otra vez. Entonces, ¿cómo se puede editar para obtener una mayor claridad y ser eficiente en la edición? La edición es parte del proceso de elaboración y es fundamental para una buena narración. Imagine si tan pronto como una tablilla de madera se apoyara en cuatro piezas de madera más pequeñas, el carpintero la llamara mesa. O si en el momento en que la masa se pusiera en el horno, el panadero la llamara torta.

Editar puede ser divertido y puede inspirarle a escribir aún más. Es una oportunidad para ver cuánto se ha desarrollado como narrador de historias. También es la oportunidad de ensayar su historia si va a usarla para hablar en público.

«El primer borrador es solo suyo, que le cuenta a usted mismo la historia».

Terry Pratchett

«Si no está bien, siga editando hasta que lo esté».

Curtis Tyrone Jones

Existe mucha libertad cuando se trata de editar su historia. Primero, no tiene que editar de principio a fin. Tampoco tiene que editar contra las reglas estrictas, además de las funciones gramaticales básicas. Finalmente, la edición es subjetiva. Si es bueno, entonces es bueno, pero no tiene que ser perfecto. Recuerde que ninguna historia es perfecta y es posible editarla en exceso.

Aquí hay preguntas para hacerse a sí mismo mientras edita

- ¿Es esta la forma más emotiva de decir esta frase/párrafo/etc.?
- ¿Conecta esta frase con la audiencia?

- ¿Tiene claridad? (Consejo: lea su historia en voz alta; ¡también es una buena práctica para hablar en público!)

- ¿Tiene esta frase o idea de la historia un propósito que se conecta con una idea más dominante de la historia?

Por supuesto, es necesario editar la gramática y no todos son expertos en esto. Si va a transmitir su historia a través de un discurso, una presentación, un anuncio o un foro público, este es un tema menos importante, pero sigue siendo algo que merece su atención. Si no es usted experto en gramática, utilice estas herramientas:

- Hemingway App

- ProWritingAid (un servicio en línea que tiene tanto opciones gratuitas como de pago)

- Grammarly

Notas especiales sobre los elementos visuales de la elaboración de historias

Si está contando su historia en público, a través de TEDx, YouTube, en un aula, en una reunión de negocios o incluso en un anuncio, entonces busque otros elementos para editar. ¿Cómo va a contar su historia? ¿Con movimiento físico o ayudas visuales? ¿Con una presentación de diapositivas o una animación? Tal vez los actores retraten su historia en un anuncio o en un cortometraje. Tal vez se vaya desplazando de un lado a otro en un escenario. Aunque este libro tratará sobre los múltiples medios y la entrega de una buena historia más tarde, tenga en cuenta los ritmos de la historia, a medida que edite, para facilitar la gestión de la presentación física más adelante.

Capítulo 5. Cinco elementos de una buena historia

¿Qué es lo que hace que una historia sea drásticamente diferente de otra en términos de la calidad? ¿Es una historia buena simplemente por su contenido? No. Sin duda alguna, algunas de las historias más compartidas del mundo no tienen el mejor contenido o ni siquiera el mejor tema. Sin embargo, hay algunas cosas que las grandes historias comparten. Es sorprendente, pero los cuentos de *David y Goliat, Los tres cerditos, El señor de las moscas, El pastor mentiroso* y *La Llorona* comparten elementos comunes, aunque varían en los géneros, desde una historia de madurez hasta una épica basada en un héroe, pasando por el folclore europeo común y una historia de fantasmas de miedo.

Los elementos discutidos aquí no implican reglas fijas. Aunque hay formas «correctas» e «incorrectas» de presentar ciertos elementos de una historia, siempre hay momentos en los que un narrador puede romper las reglas. Por ejemplo, una regla que podría elegir romper es la de «Muestra, no cuentes», y la ruptura de esa regla podría hacerse por eficiencia, por el ritmo o para saltar a una información más importante. Estos diez elementos se explicarán en detalle, para ayudarle a saber cómo y cuándo explorar la oportunidad de alejarse de las prácticas estandarizadas de cada elemento.

Los diez elementos de una buena historia son:

1. Evocación o «Mostrar no contar».

2. Personajes

3. Un objetivo claro

4. Tensión y conflicto

5. Tema

6. Punto de vista o perspectiva

7. Simbolismo

8. Moraleja

9. Resolución

10. Un lazo bien atado

Antón Chéjov era un famoso narrador que escribía novelas, obras de teatro, poesía, historias cortas, sátira cómica, etc. Su cita célebre cambió la forma en que la gente veía la narración de historias y la artesanía:

«No me digas que la luna está brillando; muéstrame el brillo de su luz en los cristales rotos».

Entonces, ¿qué significa la evocación? La evocación es el acto de traer o recuperar un recuerdo, sentimiento, sensación o imagen a la mente consciente. Recordemos en el capítulo 2, cómo las historias hacen que múltiples centros del cerebro interactúen. Uno de esos centros debería ser un centro de memoria. Así que la evocación juega ese papel en la narración de historias. Es la palabra que se asigna a ese disparador la que debería impulsar a la porción de memoria del cerebro a comunicarse con el procesamiento del lenguaje y el sistema endocrino. La ciencia no ha confirmado que la evocación sea uno de los elementos más significativos de una buena narración, sin embargo, ¿cómo se hace esto? ¿Cómo se evoca la emoción?

Cómo lograr esto

1. *Utilice verbos activos para representar los cinco sentidos*

a. Ejemplo uno: «El crujido del otro lado de la habitación aumentó mi ritmo cardíaco y un dolor de cabeza golpeó mis sienes».

b. Ejemplo dos: «Mis manos estaban negras con el polvo de carbón. La mugre rodaba por mi frente y se mezclaba con el sudor».

2. *Sea audaz*

a. Ejemplo uno: «El Monte Everest fue implacable. La nieve no se agitaba; aullaba. El hielo no se formaba; consumía».

b. Ejemplo dos: «El público grita por detrás y perfora la nada negra. Luces cegadoras parpadean y dejan manchas en mi visión que se recupera».

3. *Quite las palabras pegajosas (y, el, en, de, etc.) o manténgalo corto y claro*

a. Ejemplo uno: «El sol calentó su piel».

b. Ejemplo dos: «La pasta caliente me golpeó la lengua y me quemó las papilas gustativas».

4. *Dialogue con su audiencia (para oradores públicos y profesionales de publicidad)*

a. Ejemplo uno: «¿Levantaría la ceja cuando se enfrente a la cuestión de...?».

b. Ejemplo dos: «No puede hacer eso. La gente normal no lo hace».

5. *Sobrecargue con el movimiento*

a. Ejemplo uno: «Apagué la luz, bajé al pasillo, entré en la cocina, y...».

b. Ejemplo dos: «El chico durmió, taladró y pintó durante horas, una y otra vez».

Típicamente, este elemento se aplica más a los narradores de historias que están escribiendo novelas. También juega un papel importante para los oradores públicos, profesores y, especialmente, empresas. La diferencia es que, en varios medios, enfrentará diferentes desafíos y recibirá diferentes beneficios.

Cuando puede explorar alternativas

A veces mostrar no es tan eficiente como contar y si se refiere a la historia de fondo o a un contenido puramente informativo, entonces es probable que pueda contárselo a su lector. Aunque el uso de frases cortas es una excelente manera de mostrar, muchos narradores se encuentran a sí mismos esponjando sus historias con toneladas y toneladas de descripción en un esfuerzo por mostrar a sus lectores lo que está sucediendo.

Cuando decida si debe decírselo a su público, considere el material que lo rodea. Siempre muestre las partes más importantes de la historia y luego diga cuándo necesita administrar mejor su tiempo, su ritmo o el desarrollo de su personaje. Hay veces cuando hay que sacrificar un buen elemento de la historia por otro, pero es una decisión que hay que sopesar cuidadosamente.

Personajes

Todas las buenas historias necesitan personajes, pero el hecho de quiénes son y cómo se representan puede hacer descarrilar la historia o ponerla en el camino correcto. ¿Cómo puede saber si tiene un buen personaje o no? Bueno, no se trata de que sean «buenos» o «malos». Se trata de cómo se desarrolla la historia con ellos en mente.

Mucha gente piensa erróneamente que contar una historia personal facilitará mucho las cosas. Sin embargo, cuando se detalla una lesión personal, se debe reflexionar cuidadosamente sobre su comportamiento y qué pensamientos guiaron su toma de decisiones, llevándolo de donde estaba a donde está ahora.

Los grandes personajes tienen:

- Un objetivo claro

- Miedo, ansiedad o preocupación

- Los defectos de los humanos (se escarban los dientes, se disculpan con demasiada frecuencia y tienen tics nerviosos)

- Un trasfondo

- Combinaciones únicas de rasgos de personalidad (extraversión, neuroticismo, sinceridad, etc.)

- Cualidades reconocibles

- Susceptibilidad al éxito y al fracaso

- Perspectiva de la vida (los personajes tienen opiniones sobre la estructura social, las relaciones, la educación, las creencias políticas, la crianza y demás)

- Una actitud: pesimista, realista u optimista

- Intuición

Cuándo puede explorar alternativas

¿Se puede tener un personaje plano? Bueno, Charles Dickens, uno de los mejores narradores de su tiempo, confiaba en los personajes planos. Sin embargo, los usaba de una manera que se usaban peones en el ajedrez. Si usted puede usar un personaje plano a ese nivel, adelante, pero tenga cuidado de no prestar demasiada atención a estos personajes planos. Muchos narradores de historias ahora se basan en un tropo para dar una identidad a un personaje plano.

Un ejemplo de un narrador de historias que cuenta una historia personal a un público y que involucra a un personaje plano, podría ser: «Mi madre, era una borracha que se caía, al menos hasta que cumplí 20 años. No la he visto desde entonces. Pero mi padre, siempre estaba ahí, siempre presente. Cada partido de fútbol, graduación, promoción, él estaba ahí para nosotros los hijos».

Ahora bien, la madre es un personaje de esta historia. Ella no tiene un objetivo o una directiva, pero con la corta frase de «borracha que se cae», se puede asumir que no está dedicada a sus hijos, que es el propósito crítico de su presencia en la historia. No todos los personajes tienen que estar extremadamente desarrollados, pero no hay razón para tener personajes que carezcan de personalidad.

Un objetivo claro

Tener un objetivo claro no se trata de la finalidad o el tema de su historia. En cambio, se trata del final del juego, de lo que le pasará al personaje. A veces ese objetivo no siempre es tan evidente y ahí es donde comienza a perderse la audiencia o los oyentes. Un excelente lugar para ver esto en acción es en el *marketing* porque a menudo los anuncios tienen veinte segundos o menos, sin contar los anuncios de Internet y los «trailers». ¿Cómo puede ver la narración de historias en acción, en tan poco tiempo, bien ejecutada?

Un ejemplo muy divertido de esto es el anuncio de Pepsi «Más que bien». Comienza en un restaurante donde una mujer pide una Coca-Cola y el camarero pregunta: «¿Está bien la Pepsi?». Desde el principio, existe un objetivo claro. Usted sabe que este es un anuncio de Pepsi y que se están burlando de una frase común, lo que infiere que son segundos a la Coca-Cola. Luego Steve Carrell salta y hace preguntas como: «¿Y la risa de un niño está bien?». Luego salta a otros que no están diciendo «bien» con gusto hasta que Lil John y Cardi B enseñan con sus giros sobre cómo decir, «Bien». Finalmente, la mujer mira a su alrededor y dice: «Quiero una Pepsi». El objetivo era claro, le hicieron ver a esta mujer que no quiere una Coca-Cola, sino una Pepsi.

Otra variante de esta historia es «El regalo de los Reyes Magos» de O. Henry. Es de lectura obligatoria para la mayoría de los estudiantes de secundaria y el cuento gira exclusivamente en torno a dos personas con el mismo objetivo. Quieren darle a su persona especial (el uno al otro) un regalo sobresaliente y significativo. Hay poco más en esta historia y es convincente porque cada acción acerca a los personajes a sus objetivos.

Cómo lograr esto

1. Determine si el objetivo es externo, interno o una mezcla de ambos

En «El regalo de los Reyes Magos», el objetivo era externo, pero tenía una motivación interna. A lo largo de la historia, dejaron clara la motivación interna expresando los sentimientos de los involucrados. En la narración de historias, en particular en la narración pública, a menudo no se dispone de tanto tiempo. Recuerde: cuanto más matizado sea el objetivo, más larga será la historia.

2. Comience su historia con el objetivo a la vista

Esto se remonta al elemento de evocación. Puede comunicar un objetivo que su personaje tiene sin decir directamente: «Quiero comprarle un regalo a mi esposa». Sin embargo, depende de usted decidir cómo presentar su objetivo. Cuando Kathleen Baty comienza su historia sobre su acosador, suele empezar con algo como: «Intenté durante más de diez años alejarme de este tipo». Lo que inicialmente podría parecer como que ella no puede salir de una mala relación. Luego, la siguiente línea suele ser sobre cómo la policía no pudo ayudar porque él no había hecho técnicamente nada ilegal y no importaba si ella se mudaba o a qué escuela se transfería. Siempre estaba ahí. Pone su historia a la vista mientras presenta los hechos sobre la información en lugar de decir: «Fui acosada durante más de diez años y estoy aquí para contarles todo».

3. Énfasis en lo importante

Cuando tiene la oportunidad de compartir una historia, especialmente frente a una audiencia, debe saber qué partes son las más importantes. Aunque tenga la oportunidad de escribir su historia y editarla hasta que se sienta cómodo, debe asegurarse de que su público pueda diferenciar entre la información clave y el resto de la historia.

Ahora bien, es fácil decir que todo es importante porque una acción se alimenta de otra y esta se alimenta de otra que se alimenta de otra. Sin embargo, los elementos más críticos de la historia no siempre son los que saltan a la vista. Volviendo al ejemplo anterior de «El regalo de los Reyes Magos», la parte más importante de la historia no es el regalo en absoluto; es el sacrificio que ambas personas hacen. A menudo el elemento esencial viene de la historia de fondo o de un aspecto de la personalidad del personaje principal. Es en lo que hay que centrarse cuando se enfatizan las diferentes partes de la historia.

Actividad

Para poner a prueba su capacidad de enfatizar la importancia, aquí tiene una actividad divertida. Tome la historia de Caperucita Roja y cambie el elemento más importante de la historia. Ahora, tenga en cuenta que el elemento más significativo no es que Caperucita Roja se detuvo y habló con el Gran Lobo Malo, o cómo fue engañada cuando el Lobo se hizo pasar por su abuela. El elemento importante es que Caperucita Roja es una nieta obediente, pero tuvo un momento de juicio fallido. Después de todo, la capa de terciopelo rojo se la hizo su abuela y a la niña le gustaba tanto que se negaba a quitársela.

Así que cambie el elemento más crítico. ¿Y si la Caperucita Roja no fuera tan obediente? ¿O qué tal si era obediente, pero menos afectuosa? Eso eliminaría la escena en la que se detiene a recoger flores, lo cual evitaría que el lobo se involucre. Si la historia de la Caperucita Roja no le gusta, puede hacer este ejercicio con casi cualquier otro cuento popular.

Cambie el elemento más importante de la historia o cambie el énfasis y colóquelo en un lugar diferente, así verá una versión drásticamente diferente de los eventos.

Cuando puede explorar alternativas

Cuando se exploran alternativas, se corre el riesgo de convertirse en un narrador poco fiable. Ahora bien, esto va mucho más allá de tener una ocasional pista falsa o un giro repentino en la historia. En cambio, lo que está viendo es la alta probabilidad de perder toda la confianza que ha construido con su audiencia.

Se ven narradores poco fiables en Fight Club y Forrest Gump. Estas historias son aceptables para una audiencia y la falta de fiabilidad del narrador desaparece por algo que el narrador tampoco puede controlar; un caso es un trastorno mental y el otro es un bajo coeficiente intelectual.

Algunos narradores públicos eligen ser narradores poco fiables y a menudo dan una advertencia cuando lo hacen. Un popular podcast llamado ¡RISK! anima a la gente a contar historias personales y a compartirlas a través del arte de la narración. Un narrador relató a través del podcast un episodio de manía. Comenzó su historia diciendo que experimentaba episodios maníacos y que no tenía control de sus acciones durante esos episodios. También explicó al principio de su historia que después de un episodio maníaco, a menudo no recordaba nada. Esa frase por sí sola le dice a la audiencia que todo lo que comparte sobre su episodio maníaco puede ser una mentira, un falso recuerdo o puede ser verdad. ¿Causó esto que la historia fuera menos convincente o menos entretenida? No.

4. Tensión y conflicto

Imagínese que llega a casa después de un duro día de trabajo, está cansado y hambriento. A continuación, su cónyuge le pregunta cómo le ha ido el día. Pero usted sabe que esta pregunta no es sobre su día ya que su cónyuge quiere contarle sobre el suyo. Quiere contarle sobre los cambios en el procedimiento, su reunión o el camino de vuelta a casa. Hay una razón por la que a la gente no le importan estas historias cotidianas. No hay tensión. ¡No hay conflicto!

«En una mañana soleada, entré en mi cocina, abrí la puerta del refrigerador y me tomé el último vaso de leche. Mientras se preparaba el café, busqué azúcar y una cuchara. Entonces finalmente preparé mi taza de la mañana».

Esta es una historia terrible. No hay tensión ni conflicto, a pesar de que tiene un principio, un intermedio y un final. ¿Le gustaría asistir a un evento en el que el orador tuviera que decir eso? ¿Y si su jefe contara esa historia en la próxima reunión? Se aburriría muchísimo.

Lo que la gente anhela de una historia es tensión y conflicto, pero se vuelven quisquillosos. Por lo general, se quiere un equilibrio muy delicado entre los dos. Si hay demasiada tensión, entonces pierde su audiencia porque no hay recompensa. Mientras que, si hay demasiado conflicto, se pierde la audiencia porque la historia resulta demasiado frustrante.

Cómo lograr un equilibrio entre la tensión y el conflicto con todo lo demás

Existen cuatro tipos de conflicto cuando se trata de la narración de historias y la literatura. Con la narración de historias, sin embargo, de nuevo, tiene una limitación de tiempo y simplemente no tiene horas y horas para sentar las bases de su conflicto. Tenga eso en cuenta al determinar qué tipo de conflicto se ajusta a su historia.

- El hombre frente al hombre
- El hombre frente a la naturaleza
- El hombre frente a sí mismo
- El hombre frente al sistema

Así que la historia de los Waco Texas y los Branch Davidians se situaría en el conflicto entre el hombre y el sistema. Había otras personas involucradas y que tomaban decisiones, pero en última instancia era el pueblo contra el gobierno. Lo mismo se puede decir de la guerra revolucionaria americana.

Hatchet, una novela clásica de jóvenes adultos, es el hombre contra la naturaleza. Mientras que el orador que relata sus experiencias con la depresión y la ansiedad sería el hombre contra sí mismo, una batalla entre un héroe y un villano es el hombre contra el hombre.

Comprender la estructura de su conflicto puede evitar que sobrecargue de tensión a su público y se prepare para el fracaso. Si tiene un conflicto entre el hombre y uno mismo, no querrá enfocar o enfatizar los argumentos con otras personas, la lucha contra el gobierno y cómo la madre naturaleza odia al personaje principal. En cambio, usted puede poner esos otros desafíos a través de la lente del primer conflicto. Las peleas que una persona tiene con otras personas cuando tienen una lucha interna son a menudo el resultado de esa lucha interna o un síntoma de esa lucha, como el mal humor.

Cuando puede explorar alternativas

Realmente no hay alternativas a incluir el conflicto en su historia. Incluso historias tan básicas como La Pequeña Oruga Glotona tienen conflicto. A la gente se le enseña desde una edad temprana que cualquier historia que valga la pena contar tiene algún tipo de conflicto y, para enfatizar ese conflicto, hay que incluir la tensión. Este es uno de los pocos elementos de la narración de historias que, si se le escapa, probablemente no tenga una historia completa.

5. Tema

David Lieber, un famoso columnista y ahora orador público, habló sobre su experiencia de mudarse a Texas a principios de los años 90 en una conocida charla de TEDx. El tema subyacente es la conectividad, conocer al prójimo y crear un cambio en el mundo a través de la conexión y la narración de historias. Comienza hablando de la serie de preguntas que los habitantes de Texas hacen cuando conocen a la gente por primera vez, todas ellas con respuestas erróneas. Pero él está jugando con su punto y permite que su tema continúe ininterrumpidamente. Luego usa esa historia para conectar directamente con su audiencia. No importaba que diera las mismas respuestas erróneas a cada habitante de Texas que conocía. Lo que importaba y lo que se logró con su historia fue el tema de ese deseo de conectar con otra persona.

El tema puede ser todo tipo de cosas porque puede tener la amplitud radical de *Rebelión en la granja*, con el tema de la Revolución Bolchevique Rusa, o La Pequeña Oruga Glotona, con un tema que gira en torno al autocuidado y al crecimiento.

Cómo usar el tema en su historia

El tema se utiliza a través de un desarrollo minucioso y una construcción cuidadosa de su trama y no se necesitan decenas de miles de palabras para lograrlo. Aún se puede ver, a través de las acciones de los personajes, el tono del narrador y la secuencia de eventos.

Para obtener un elemento visual del papel del tema en la narración, use la asociación entre la trama y la pirámide de Freytag. La trama se representa en una estructura triangular o piramidal; el papel del tema es más bien el de una telaraña. El tema se entrelaza cuidadosamente entre los puntos de la trama, los personajes, el conflicto y el punto general de la historia.

Sea consciente al elegir el objetivo de su tema. Hay muchos temas universales como la batalla del bien sobre el mal y el crecimiento del poder sin ser malvado. Muchos temas universales cubren la naturaleza humana o la difícil situación de la existencia. Generalmente, los temas universales son un poco más fáciles para los narradores novatos porque probablemente los hayan experimentado a menudo en sus propias vidas.

Además de tener un objetivo al elegir el tema, el único consejo para implementar un tema dentro de la historia es identificar los momentos de oportunidad dentro de la trama. La mejor manera de explicar esto es a través de un ejemplo, como *El pastor mentiroso*. Este libro repasará los puntos principales de la trama y explicará cómo se correlaciona el tema. Sin embargo, primero explicará cómo el tema principal de la historia es no mentir y el tema secundario es que nadie le cree a un mentiroso.

- El niño se aburre y grita: «¡lobo! ¡lobo!». La primera mentira (tema)

- Un aldeano le dice: «no digas que viene el lobo, si no viene». La importancia de la verdad

- El niño miente de nuevo: la segunda mentira

- Los aldeanos se enfadan con él: el énfasis en las consecuencias por mentir

- El lobo viene de verdad. ¡La verdad!

- Los aldeanos no le hacen caso: consecuencia de las mentiras

- Los lobos se comen las ovejas: consecuencia de las mentiras

Cuando puede explorar alternativas

En teoría, es casi imposible contar una historia que no tenga un tema. Si lo hace, tendría que hacer un gran esfuerzo para lograrlo. Siempre hay algún tema subyacente, como alguien que logra una gran hazaña o demuestra que los opuestos se atraen.

Mientras que es posible evitar algunos de estos elementos muchos, como el tema o los personajes, son simplemente imposibles de esquivar. ¡Estos son los elementos para hacer que una historia decente sea buena y una buena historia sea genial! Explore cada uno de los posibles roles en su historia para mejorarla y construir sus habilidades narrativas. A medida que avanza, puede añadir otros elementos, como el simbolismo, la perspectiva única y la moral. Sin embargo, cuando esté elaborando su primera historia, debería centrarse en estos cinco elementos junto con su estructura y, a continuación, un tono auténtico.

Capítulo 6. Narración de historias en público

La mayoría de las historias se narran a través de la oratoria. Eso puede suceder cuando está hablando con su equipo, se dirige a la gente en una audiencia o conecta cara a cara con los clientes. Tal vez aspire a convertirse en un orador o en un narrador profesional. Todo esto es posible y es una elección de trayectoria profesional razonable. Sin embargo, independientemente de su elección de trayectoria, es muy probable que en algún momento necesite hablar en público. Al hacerlo, si está tratando de lograr que su argumento sea convincente, debe acercarse a la oratoria con la narración de historias.

Su discurso público no tiene que ser un evento terrible o aburrido. La mayoría de la gente no tiene ganas de hablar en público porque siente que el público ya ha decidido sobre el asunto. Si la gente se ha presentado, lo ha hecho para pasar un buen rato o porque están obligados a hacerlo. Ciertamente, a gran escala, algunas personas ya han decidido su opinión sobre los temas de actualidad. Además, muchos se presentan a conferencias o convenciones ya sea porque les gusta el orador o porque es parte de su trabajo. Tenga en cuenta mientras se prepara para su evento de oratoria o considera la manera de implementar la narración, que realmente tiene mucho más control sobre la experiencia de la audiencia de lo que cree.

Al acercarse a la narración de historias, a sabiendas de que va a tener que transmitir la historia en un evento público, los diferentes elementos de la elaboración de la historia llaman la atención. Hablar en público es distinto que presentar una historia a través de un vídeo —que se puede publicar en YouTube después de editarlo repetidamente— un anuncio o un libro.

¿En qué se diferencia el hablar en público?

Cuando nos preguntamos en qué se diferencia el hablar en público de otros medios para contar historias, la respuesta más común es que no se puede tener una conversación. En un libro, vídeo o anuncio en papel, se puede presentar una idea de una conversación en la que el lector se inserte en un lado y acepte el desarrollo de esa discusión. Al hablar en público, es usted el que tiene el control y puede adaptar su manera de narrar historias a un público determinado.

¿Y cuáles son las mejores formas de implementar un tono de conversación? Comience su discurso sabiendo que su historia se aplica a toda la audiencia. Todo el mundo que está allí es posiblemente su público objetivo y todos deberían querer escuchar su historia. Sin embargo, por otro lado, es necesario que reconozca que las personas de este público vayan a tener diferentes puntos de vista y diferentes experiencias pasadas que afectarán su opinión sobre el tema en cuestión.

En 2015, Tony Robbins hizo una presentación en el National Achievers Congress en Sídney, Australia. Habló sobre el fracaso y tuvo una conversación con su público; de hecho, a menudo, tiene conversaciones con su público. Preguntó al principio de su evento:

—¿Quién de aquí ha fallado alguna vez?

Por supuesto, recibió una enorme respuesta de la gente que reconocía que había fracasado. Siguió eso con otra pregunta y continuó la conversación:

—¿Por qué han fallado?

La audiencia se quedó sin palabras.

Así que Robbins les ayudó un poco.

—De acuerdo, ¿y qué es lo que usaron como excusa de su fracaso cuando se estaban engañando a sí mismos?

Entonces, ¿qué excusa usaron los miembros de la audiencia para explicar por qué fallaron?

Recibió algunas respuestas diferentes. La economía, la falta de tecnología y respuestas similares fueron las «razones» del fracaso. Luego empezó a contar una historia sobre una charla de TED que dio siete años antes cuando hizo la misma pregunta, «¿Por qué fracasó?». En el evento TED, Al Gore se puso de pie y dio una respuesta de por qué no llegó a ser presidente: no tenía suficientes jueces en la Corte Suprema. Esta parte de la charla de 2015 en Sídney fue trascendental ya que permitió a Robbins compartir una historia acerca de otra conversación (con Al Gore) mientras entablaba una conversación activa (con su audiencia actual). Este es un inicio para la conversación y la narración de historias.

Sin duda puede tener una conversación con su público y controlarla. Puede presionar a su audiencia para que obtenga las respuestas que necesita para avanzar, pero también puede usar la conversación para nutrir su historia.

Tiene la oportunidad de tener una conversación y si pierde esa oportunidad, puede que no tenga una historia eficaz. Su historia podría fracasar y podría ser la oportunidad perdida la que le cueste todo el discurso.

También hay una oportunidad única de ser más grande físicamente. Moverse con gestos físicos y una voz más clara puede hacer o deshacer su historia. Imagine que está contando la historia de su abuelo mecánico y se encuentra en el escenario o frente a una oficina y hace mímica de él girando llaves. Suena ridículo, pero el elemento físico de la narración es muy importante, especialmente cuando está frente a una audiencia en directo.

Una de las diferencias más grandes entre la narración de historias a través de la oratoria y las otras formas de narrar estas historias es que usted puede estar tan involucrado físicamente como quiera.

Comience con un bombazo

Cuando está frente a un público, tiene un tiempo limitado para llamar la atención de la gente y el reloj comienza a hacer tictac en el momento en el que sus pies llegan al escenario. Si está en un ambiente menos controlado de hablar en público, aun así necesita potenciar ese impacto inmediato. Si no tiene la atención de su audiencia en cinco segundos, está fallando en algo. Los cómicos lo llaman bombardeo y es exactamente lo que parece. ¿Se está preguntando qué se siente?

Se levanta y camina delante de sus compañeros. Todo el mundo allí le conoce. Saben que va a hablar de un nuevo curso, pero ellos ya han decidido que no quieren hacer más cursos. Pero usted sube al escenario de todas formas. Después de aclarar su garganta y tratar de no arrastrar los pies, mira a su alrededor. Les dice que el curso puede mejorar las ventas, disminuir los errores costosos y ayudar a crear mejores empleados que se queden más tiempo en la empresa. Su ritmo cardíaco aumenta, lo sabe porque su pulso late con fuerza en la parte posterior de su cabeza cuando ve a la gente que revisa sus teléfonos en lugar de tomar notas. Es terrible y a menudo sucede porque cuando se habla en público, esa historia inicial, ese mismo comienzo, necesita tener una carga eléctrica que pueda dar una descarga en la sala.

Imagine que usted les dice lo siguiente: «Cuando yo empecé a trabajar aquí, mi formación no era suficiente. Con el tiempo aprendí, pero, aun así, no había tenido suficiente formación para cumplir con mi cuota de ventas, ayudar a los clientes, etc.». Eso habría tenido un impacto mucho mayor que, «Hace mucho tiempo, cuando la gente no se centraba demasiado en la formación, todo el mundo aprendía sobre la marcha». Empezar con un bombazo es tan drástico que no puede dar una introducción suave cuando habla en público. Tony Robbins destaca como orador profesional porque hace que su audiencia siempre esté físicamente alerta.

Comience con el objetivo en mente

Cuando no está hablando en público, puede editar su historia hasta que consiga un buen final ordenado. Sin embargo, al hablar en público, su historia fluctuará ligeramente dependiendo de la respuesta de su audiencia y el propósito de esa narración en particular. Así que, para asegurarse de que consiga el mismo final agradable y ordenado, debe empezar por saber ya cómo va a terminar. Es necesario introducir el tema de inmediato y luego dar una conclusión sobre el mismo tema al final. Este es un ejemplo de una historia que podría tomar un giro diferente, pero que comienza y termina de la misma manera:

Ejemplo uno

«¿Alguna de ustedes se ha sentido alguna vez como una Cenicienta? Les diría que no me hagan hablar de esto, pero ya estamos haciéndolo, ¿no? Cada domingo ordeno la casa, preparo las comidas de la semana y preparo todo para el trabajo y la escuela de los niños para el día siguiente. En algún momento, normalmente alrededor del mediodía, recibo esa voz tóxica en mi cabeza. La que ve a mi marido y a mis hijos como la malvada madrastra y las feas hermanastras que me obligan a hacer todas estas tareas. Todas. Las. Semanas. ¿Y saben qué? Después de un tiempo, me lo termino creyendo. Me creo que no hay nadie más que pueda hacer este trabajo, que no hay ninguna otra opción. Hasta que, por supuesto, me tranquilizo. Me doy cuenta de que soy yo la que exige que los almuerzos se hagan con antelación. Soy yo la que insiste en tener la casa limpia y los zapatos junto a la puerta antes del lunes por la mañana. No tengo derecho a sentirme como una Cenicienta si soy yo la que se alegra de todas estas labores. Especialmente si son autoinfligidas».

Ejemplo dos

«¿Alguna de ustedes se ha sentido alguna vez como una Cenicienta? Esto es lo que pasa en mi casa. Cada domingo, limpio, cocino y me preparo para la semana que viene. Durante ese tiempo, me concentro en todo lo malo. Es casi caótico. Casi. Mientras que el resto de la semana puedo hacer las tareas domésticas como la Cenicienta con una buena actitud y una sonrisa, pero el domingo no es posible. Me abruman todos esos sentimientos irritantes contra los demás en mi casa, las feas hermanastras y madrastras y luego los desencadeno el domingo. Sin embargo, el lunes por la mañana, me doy cuenta de nuevo que no tengo ningún derecho a sentirme como una Cenicienta. Nadie me dijo que tenía que hacer todo este trabajo un día de la semana. Me siento como una Cenicienta, pero la verdad es que todo esto es por mi culpa».

Ambas versiones giran en torno a la misma revelación y al mismo comienzo. La historia tiene el mismo mensaje y es aproximadamente de la misma longitud. Pero la narradora podría alterar cualquiera de las versiones dependiendo de la audiencia. El primer ejemplo tiene un toque de humor, mientras que el segundo tiene más introspección y seriedad.

No digas «um». Detente y respira profundamente

Cuando la gente narra historias, sus mentes necesitan un momento para procesar lo que están haciendo mientras que también observan a la audiencia y se adaptan según sea necesario. Ahí es cuando dicen «um», «ah», o cualquier otra muletilla o palabra de relleno. En su lugar, deben luchar contra esta necesidad de decir «um» y simplemente hacer una pausa. Algunos de los mejores oradores públicos del mundo harán una pausa de hasta tres segundos o incluso más. Cuando está parado frente a una audiencia, tres segundos es mucho tiempo.

Tomar un respiro o hacer una pausa no es el final de su discurso. No significa que pierda el hilo de la conversación, sino que su cerebro está haciendo lo que los cerebros hacen. El hecho de saber que los mejores oradores públicos del mundo hacen pausas y descansos es un alivio considerable. La gente piensa mucho más rápido de lo que habla y debe tomarse el tiempo para pensar en lo que dice. Si está hablando en público, es mejor hacer una pausa que divagar, tartamudear o decir «um» cien veces.

Asegúrese de que su presencia física sea espectacular

Hay algunas veces en las que usted necesita ser muy consciente de su postura física y de su comportamiento. Hablar en público es una de esas veces. Si tiende a meterse las manos en los bolsillos, bajar la cabeza o encorvarse los hombros, necesita hacer algunos ejercicios físicos. Incluso si no tiene hábitos nerviosos obvios, es mejor ensayar su comportamiento una y otra vez.

Ensayar significa no tener ni un guion ni un aviso, solo narrar la historia en un espacio abierto. Camine, hable con sus manos y explore cómo puede conectarse naturalmente con la audiencia a través de su cuerpo. Desafortunadamente, no existe una guía completa para esto porque mientras que el dar puñetazos puede ser natural para una persona, será incómodo y forzado para otra. Haga lo que le parezca correcto. Pero evite estos hábitos comunes:

- Frotarse las manos
- Quitarse el pelo de la cara
- Tocarse la nuca
- Frotar las manos contra los pantalones
- Llevar los hombros hacia adelante
- Estar encorvado

Cuando se trata de hablar en público y narrar historias, tiene mucha libertad. Puede contar múltiples historias, relatos independientes y entablar una conversación activa. Es una experiencia de inmersión para su audiencia, si entrega su historia con una conexión sobresaliente. Eso es lo que se consigue al hablar en público: conectar con su público, conectar el principio y el final de su historia y conectar a su público con las ideas de su historia. Utilice las técnicas mencionadas más arriba para asegurarse de que se adapta a su público y se presenta a sí mismo (y a su historia) de la mejor manera posible.

Capítulo 7. La venta de historias: la narración de historias como herramienta de marketing

La narración y la venta de historias (o *storyselling*) no son necesariamente la misma cosa. Sin embargo, antes de considerar que este capítulo es irrelevante para cualquiera que no sea un profesional del *marketing*, tenga en cuenta que todo el mundo participa en el *marketing*. Existe el papel de creador de *marketing* y de consumidor, pero los otros profesionales también necesitan habilidades de *marketing* y de narración de historias para construir sus trayectorias profesionales de maneras diferentes a las de una simple venta. Conseguir una aceptación, obtener apoyo para los cambios, construir una marca o incluso enseñar a otros, todo esto puede suceder a través de la venta de historias.

La narración de historias es el acto de transmitir información o un relato a los demás de manera emocional. Ahora bien, en el *marketing*, esto se ve muy a menudo; de hecho, los profesionales del *marketing* llevan dependiendo de una respuesta emocional durante décadas. Sin embargo, el *marketing* de la narración de historias no es suficiente para mantenerse por sí mismo. Simplemente no se puede subir a un escenario o filmar un vídeo de YouTube y contar la historia de su marca; también es necesario comercializar esa historia, su marca y a usted mismo. Sin algo a lo que atar esta historia, la historia de su marca es simplemente una historia. No es una herramienta de *marketing*, no es un embajador de su marca y no le ayudará a su negocio.

La venta de historias, sin embargo, tiene como objetivo lograr tales cosas. Puede cambiar su plan de *marketing* de narración de historias a un plan de venta de historias efectivo mediante una combinación de narración de historias y de *marketing* basada en datos. El plan toma los fundamentos de la narración de historias y los combina con los principios de *marketing* para lograr una conversión y un compromiso efectivos.

A través del acto de contar historias, puede atraer a su público objetivo, comprometer a sus clientes actuales y crear lealtad a la marca cuando muy pocos clientes están dispuestos a dar este tipo de lealtad.

¿Qué es la venta de historias?

La venta de historias es la combinación de la narración de historias y el marketing basado en datos con el objetivo explícito de impulsar las ventas y ganar una mayor porción de su mercado objetivo. Lograr esto a través de la narración requiere que dedique mucha más atención al material de *marketing*.

Ahora bien, hay que considerar varias cuestiones técnicas para que la venta de historias sea efectiva. Tómese su tiempo para responder a estas preguntas con el fin de construir los cimientos de su plataforma de venta de historias.

1. ¿Tendrá una historia en curso o una historia diferente para cada campaña de marketing?

2. ¿Tendrá un narrador, personaje u orador consistente?

3. ¿Es esta historia una historia personal o es la historia de su negocio?

4. ¿Cómo puede usar las historias significativas para su negocio de una manera significativa para su público objetivo?

5. ¿Cómo seguirá el progreso y el éxito de su campaña de venta de historias o de publicidad?

Todas estas preguntas pueden tener respuestas drásticamente diferentes, así que esto es algo que hay que evaluar con cuidado. Si usted es un empresario o trabaja con un equipo de *marketing*, debe buscar las mejores respuestas a estas preguntas para sus clientes y lo que es mejor para su marca.

La venta de historias es única en el sentido de que hay mucha más flexibilidad que las simples técnicas de *marketing* basadas en datos. Sin entrar en un ejemplo demasiado complicado, eche un vistazo rápido a Disney. Disney es una de las marcas más antiguas que utiliza activamente la venta de historias, lo que tiene sentido porque no han tenido rival en la narración de historias durante décadas.

A partir del 15 de noviembre de 1965, Disneylandia se convirtió en «El lugar más feliz de la Tierra». Piénselo por un minuto porque, con esa frase, así fue cómo comenzó lo que se convertiría en miles de historias sobre todos los amantes de Disney de todo el mundo. Ellos perpetúan ese concepto y el núcleo de la venta de sus historias con anuncios que muestran la sorpresa inicial de un niño que ve por primera vez la calle principal de Disney o de un adolescente que explora el parque temático Epcot. Disney utiliza estos instantes para compartir las historias que ocurren en sus parques todos los días. Un hombre le pide matrimonio a su chica en Disney París y ella, emocionada, da saltos de alegría. La gente lleva décadas viendo estos anuncios y muchas más personas han experimentado o presenciado estas historias en persona.

Echemos un vistazo a los elementos técnicos de la venta de historias de Disney:

- Las historias vienen de los clientes por la experiencia. Disney cuenta historias sobre los visitantes de Disneylandia.

- Disney no vende películas o entradas para parques temáticos; Disney vende magia.

- Utilizan múltiples medios para el mismo concepto. Pueden hacer campañas de *marketing* segmentadas, pero la experiencia mágica de Disney siempre está en el centro del mensaje y la historia del *marketing*.

Los consumidores quieren venta de historias

No todo el mundo está obsesionado con un buen anuncio. Generalmente, si un consumidor va a ver un anuncio, un tráiler o un anuncio impreso, quiere algo entretenido. La venta de historias aumenta las conversiones en más de un 30%, lo cual, aparte de los primeros días del *marketing* por correo electrónico, pocas otras tácticas de *marketing* han alcanzado ese nivel de éxito.

Además, el *marketing* entre empresas (B2B) se basa casi exclusivamente en la venta de historias. Desde que *storyselling* o la venta de historias se convirtió en la nueva palabra de moda a principios de la década de 2010, las empresas enfocadas en el B2B han desarrollado esta táctica de *marketing* mejor que nadie. La venta de historias se ha convertido en la técnica de *marketing* más utilizada y de mayor conversión en las empresas B2B en 2017 y, desde entonces, se ha mantenido como la técnica de *marketing* más importante para este tipo de empresas.

Pero ¿cuánto quieren realmente los consumidores los anuncios basados en historias? El 92% de los consumidores quieren anuncios que narren una historia, en lugar de lanzarlos directamente al mercado. El *marketing* consiste en convencer al consumidor de que quiere su producto. Para ello, es necesario darles lo que quieren y el resultado es un sinnúmero de empresas que desarrollan iniciativas de *marketing* basadas en historias. Pero ¿cómo puede llegar a los clientes y entregar un mensaje de ventas junto con una historia? ¿Es posible llegar a los consumidores de una manera impactante y que les llegue cuando son más susceptibles a los anuncios? Con tantas personas que se alejan de la televisión tradicional y se pasan a servicios de transmisión de anuncios menos frecuentes, los profesionales del *marketing* están perdiendo el acceso a los clientes.

Cómo y dónde entregar las historias a los consumidores

Cuando se trata de utilizar la venta de historias, hay que averiguar la plataforma y el medio para la transmisión de la historia. No necesariamente esto va a cambiar la historia, pero puede cambiar la forma en que esta se cuenta. Por ejemplo, si usted decide utilizar a un *influencer* para relacionarse con los clientes, tiene la oportunidad de conversar directamente con el mercado objetivo. Los *influencers* pueden hablar con los consumidores; pueden publicar vídeos de una hora de duración con contenido que cuenta la historia de la marca o pueden salir a conocer a la gente directamente. Mientras que, si se enfoca en los anuncios de YouTube y Facebook, tiene el límite de un vídeo de veinte segundos a tres minutos de duración para poder narrar su historia.

Primero, echemos un vistazo en dónde puede publicar su historia. Puede hacer llegar las historias a sus clientes a través de:

● Anuncios de televisión, anuncios de *streaming* y anuncios de YouTube

● Redes sociales a través de *influencers*

● Redes sociales: gestión de la marca

● Participación en la radio: entrevistas, charlas, participación en emisoras que se adapten a su mercado objetivo

● Actividades y conferencias de redes B2B

- Eventos filantrópicos que permiten los discursos y la comunicación pública

- Campañas por correo electrónico

- Blog de la empresa

La narración de historias en las redes sociales, en particular a través de *influencers*, se ha convertido en una parte sustancial del *marketing*. Un ejemplo es Jeffree Star, fundador de la marca de maquillaje que lleva su nombre. Él opera su propio canal de YouTube y comparte con gusto la historia de «de la basura a la riqueza», que es su historia de «cómo empezó todo esto». Sin embargo, también cuelga vídeos de una hora de duración en los que cuenta el funcionamiento interno de su empresa para sus seguidores. Utiliza su presencia en las redes sociales para contar historias, no solo sobre sí mismo, sino también sobre la gente de su vida, de su negocio y que, en última instancia, hacen posible su negocio. Otras marcas no necesariamente publican vídeos de narración muy directa, sino que utilizan su presencia en las redes sociales para perpetuar la narración de su marca, de la que se hablará al final de este capítulo.

Ahora, hablemos de cómo transmitir las historias a los consumidores. ¿Cómo comenzó su negocio y por qué? Cuente esa historia porque es vital para su marca y su mercado. Para las empresas que tienen una iniciativa específica, puede suponer la diferencia entre la gente que elige su servicio o el de la competencia. Usted siempre quiere transmitir una historia, pero tiene tantas maneras de hacerlo, que hay opciones casi ilimitadas. Así que tiene que empezar a analizar las posibilidades inmediatamente. Use estos puntos de partida para generar ideas sobre la implementación de diferentes tipos de narración:

- Cree una campaña «cómo empezamos» (Bush's Beans, Chik-fil-A, Chewy, Blue Buffalo)

- Muestre que sus empleados disfrutan de su trabajo y ayudan a los clientes (Gente útil de Honda, Target)

- Cuente la historia de cómo sus clientes adoran su negocio (Disney, Dairy Queen)

- Cuente la historia de «Nosotros lo hacemos mejor» (Liberty Mutual Insurance)

- Cuente la historia de «Nosotros hacemos las cosas más fáciles» (Staples, Expedia, Alexa/Amazon)

Tenga en cuenta que cuando narra una historia, la historia que elabora debe ser auténtica y tocar la fibra sensible de la audiencia. También es una oportunidad para enfatizar los valores de la marca, como el tono humorístico o la dedicación al servicio. Por ejemplo, Liberty Mutual utiliza la narración de historias en los anuncios publicitarios que casi siempre tienen un toque divertido. Un anuncio comienza con un hombre de un aspecto «normal» que habla a la cámara, «¿Seguro de coche que no reemplazará el valor total de su vehículo? Es mejor que tire su cartera al mar». Por supuesto, después, uno se da cuenta de que de verdad el hombre tira su cartera y ahora tiene una historia divertida sobre un frustrado propietario de un vehículo que se vio estafado en su acuerdo de seguro y lanzó su cartera al mar. Después, el anuncio pasa a reconocer que Liberty Mutual promete el valor total de su vehículo en este caso. Se usa a un personaje, se le da un escenario, se le agrega un poco de humor y se termina con una promesa de la compañía. Esta historia es significativa y auténtica, con la que muchos se pueden identificar después de una mala experiencia con el seguro de su vehículo.

Recursos para la venta de historias

Es importante señalar, especialmente si usted es un empresario, que no todos los profesionales de *marketing* son narradores de historias y no todos los narradores de historias son vendedores. Cuente con algún espacio para el desarrollo a medida que comienza a utilizar estas dos habilidades muy diferentes juntas. Además, si está construyendo su marca, necesita aprender a utilizar tanto la narración de historias como las tácticas de *marketing* para una narración eficaz.

Eventualmente, dentro de una marca que utiliza la narración de historias, no solo necesita que su equipo de liderazgo y los profesionales de *marketing* utilicen la venta de historias, sino también que sus equipos de ventas y de servicio al cliente apoyen este lado de la marca.

Prepare a sus vendedores con las herramientas que necesitan. Por ejemplo, la frase «Un diamante es para siempre» no se sostiene por sí sola como una historia. Pero con todo el equipo de *marketing* que construye una visión de las futuras novias, pedidas de matrimonio y renovaciones de votos, el anuncio de De Beers de 1948 todavía funciona y ha pasado de ser un eslogan a ser una historia. Asegúrese de que haya un equipo de personas trabajando en el desarrollo de los personajes, la creación de visuales o líneas argumentales y la implementación del conflicto y el crecimiento en las historias que está utilizando. Una vez más, esto solo viene con la acción de hacerlo. No puede aprender a crear historias sin sentarse a elaborarlas.

Sin embargo, debe asegurarse de que su escritura sea clara, concisa y fascinante. Para ello, utilice estas herramientas:

● ProWriting Aid: un recurso en línea con versiones gratuitas y de pago; es genial para editar la gramática, la estructura, el flujo y el compromiso.

● Grammarly: un sistema de edición por suscripción que comprueba la gramática, la legibilidad, el estilo y más.

● La gente: no hay nada mejor que un par de ojos humanos. Lleve su historia a alguien y pregúntele, ¿funciona esto?

Si se queda atascado en los elementos técnicos de la elaboración de una historia destinada al *marketing*, entonces hay herramientas para eso también. Puede pedir las tarjetas de BrandSort de Bloomstein, que son divertidas tarjetas de aviso que dan valor a la marca, perspectivas, personajes ya creados y más. El objetivo de este tipo de herramientas es que pueden hacer fluir los jugos creativos. ¿Se puede crear una historia auténtica a partir de las tarjetas? No. Sin embargo, puede darse cuenta de que su personaje es mucho menos complicado de lo que pensó inicialmente o de que la exploración de una perspectiva diferente ha hecho que su historia sea más completa.

Notas especiales para los profesionales del marketing

A diferencia de la narración de historias que ocurre en las iglesias, escuelas y en los foros públicos, los profesionales del *marketing* necesitan un «final» concluyente que aporte muchas posibilidades. El final clásico de «vivieron felices y comieron perdices» es un ejemplo de esto porque no hay una imagen clara de cómo es el «vivir felices y comer perdices». Se deja que cada persona explore ese final y saque sus propias conclusiones. Sin embargo, lograr esto con historias particulares es un poco más difícil. Las historias de «cómo empezamos» pueden parecer difíciles de resumir porque está claro que todavía el negocio sigue en marcha, así que, ¿dónde terminar este tipo de historias?

La clave para una resolución abierta es terminar la historia de ese anuncio, publicidad impresa o vídeo y luego perpetuar su tono y voz a través de todas las demás narraciones de la marca. La alineación con el propósito a través de todas las comunicaciones de la marca es fundamental.

Capítulo 8. La narración de historias en las redes sociales y por los influencers

Los *influencers* parecen haber surgido de la nada, pero han tardado décadas en formarse. Desde el momento en el que los famosos comenzaron a respaldar productos y a aparecer en los anuncios, el desarrollo de los *influencers* estaba en marcha. Wheaties era una marca bien conocida por mostrar lo mejor de los atletas en sus cajas con la historia de que estos jugadores de béisbol y de baloncesto comían Wheaties. ¿De verdad lo hacían? Quién sabe, pero los niños de todo el mundo de repente querían comer los mismos cereales que Michael Jordon o Mary Lou Retton. La efectividad de este tipo de *marketing* es lo que ha llevado al gran éxito a los *influencers*, como las Kardashians, Rosanna Pansino y PewDiePie. Las redes sociales han hecho que los *influencers* sean más poderosos que nunca y, a diferencia de hace unas décadas, no son ni atletas ni estrellas de cine. Estos son *influencers* profesionales, una nueva clase de artista.

Lo que los profesionales del marketing digital dicen sobre los influencers

Los *influencers* han tenido tal impacto en el mundo del *marketing* que es imposible no reconocer su dominio en las redes sociales y en el marketing digital. Muchos de los *influencers* han alcanzado el estatus de famosos con solo publicar vídeos de ellos mismos en los que narran sus historias o, mejor dicho, venden sus historias.

Algunas estadísticas rápidas

• El 70% de los adolescentes confían más en los *influencers* de las redes sociales que en los famosos.

• El 85% de las mujeres dependen de *influencers* y de publicaciones en las redes sociales para comprar o para recibir consejos de compra.

• El 49% de los consumidores dependen de las recomendaciones de *influencers* y 40% de ellos usan Twitter, Instagram y YouTube.

• El 60% de los adolescentes informan haber seguido a *influencers* y haber usado sus consejos para probar nuevas cosas y productos.

• El retorno medio de la inversión de una campaña de *influencers* es de 6,50 dólares por cada dólar invertido.

El impacto total de los *influencers* puede observarse en el desastre de Fyre Festival. Un hombre usó el poder de los *influencers* para organizar un un festival «lujoso» que solo los ricos se podían permitir. Esta persona creó el Fyre Festival con solo el *marketing* de *influencers* y, con este plan, ganó 27,4 millones de dólares, mientras pagaba 5,2 millones de dólares a los *influencers* y no por reservar espectáculos o eventos, o por organizar la experiencia de lujo que prometió. Sin estos *influencers*, esta estafa se habría venido abajo, pero los *influencers* como el grupo Kardashian/Jenner y varias modelos famosas de la época perpetuaron la narrativa de que estaban mucho más involucrados en el desarrollo y la participación del Festival de Fyre de lo que realmente estaban. Solo después del desastre de que la gente que llegaba al festival no tuviera música en vivo y de las terribles condiciones de vida, la gente se dio cuenta de que estos *influencers* no forman parte de la organización, sino que son solo una herramienta de *marketing*.

El marketing de los influencers y en las redes sociales es el futuro: consejos para el uso de estas herramientas

Según una encuesta realizada entre los profesionales del *marketing*, un 22% estuvo de acuerdo en que los *influencers* son el futuro del *marketing* porque son más rentables y pueden ofrecer una venta de historias de gran impacto. Sin embargo, los profesionales de *marketing* tradicionales también estuvieron de acuerdo en que existen nuevos fundamentos o principios que las empresas deben tener en cuenta al elaborar sus campañas de venta de historias. Hay una forma de elegir el tipo de *influencer* adecuado para su marca. Siempre debe mantener el enfoque en su marca, la historia de su empresa y la historia que es significativa para su mercado objetivo.

La elección de un *influencer* adecuado para su marca es más fácil de lo que uno se imagina. Inicialmente, hace falta centrarse en los *influencers* que están presentes en su sector. No será suficiente tener a una *influencer* de la belleza que trabaja con la marca de un restaurante. Siempre utilice al *influencer* que ya trabaje en su sector.

A continuación, decida qué nivel de influencia necesita. Por supuesto, cuanto más alto sea ese nivel, más caros serán estos servicios. Aquí están los diferentes niveles y algo de información sobre lo que debe esperar de cada grado:

• Los *mega-influencers* (Jeffrey Starr, las Kardashians, Michelle Lewin, Jake Paul). Son famosos bien conocidos por la gente fuera de su sector y cuestan mucho dinero.

• Los macro-influencers: con entre 100.000 y 1.000.000 de seguidores.

- Los micro-influencers: con entre 1.000 y 100.000 seguidores: estos *influencers* constituyen el 90% de los acuerdos de *marketing* y esto funciona bien porque este nivel de *influencers* tiene una autenticidad excepcionalmente alta. Sus seguidores los aman y, por lo general, pueden tener un impacto muy alto en sus comunidades locales.

- Los nano-influencers: con menos de 1.000 seguidores: estos *influencers* pueden llegar a tener un gran impacto si el *influencer* es de un sector específico. Un ingeniero en electrónica doméstica de piezas pequeñas que tiene un canal o que utiliza las redes sociales como un *influencer* puede tener un enorme impacto en su sector, incluso si tiene menos de 1.000 seguidores.

Ejemplos exitosos de la narración de historias en las redes sociales y por los influencers

No hay nada más divertido que ver a los *influencers* que se identifican con las marcas, tanto de forma esperada como no. Esta es una excelente manera de observar la venta de historias en acción junto con una de las mejores herramientas de *marketing* moderno.

Dunkin' Donuts: el Día Nacional del Donut

En el Día Nacional del Donut, Dunkin' Donuts utilizó una campaña publicitaria con ocho populares *influencers*, entre los que se encontraban Skylar Bouchard, Aww Sam, Megan and Liz, Harris Heller, Corey Scherer y Marcus Perez. Todos ellos mostraron la campaña a su manera, que es exactamente lo que hacen los *influencers*. Skylar Bouchard, por ejemplo, mostró una docena de rosquillas con labios cubiertos de espolvoreo en Instagram.

Dunkin' tomó una dirección un poco diferente al utilizar un enfoque distinto para elegir a los *influencers*. Eligieron muchos *influencers* de alto perfil, pero la justificación para eso es que todos aman los donuts. O la mayoría de la gente ama los donuts. La elección de seguir adelante con este enfoque incluso encaja con su historia de marca en curso, «The world runs on Dunkin» (El mundo funciona con Dunkin).

Hoteles Moxy de Marriot

Marriott Hotels es una cadena muy conocida, pero no ha sido capaz de seguir el ritmo de la generación más joven. Están tratando de competir con una generación que prefiere Airbnb, que no pasa mucho tiempo en las habitaciones de hoteles y que quiere una opción rentable con experiencias de lujo. La mayoría de las cadenas hoteleras no pueden ofrecer esto. Para cambiar su papel con la generación milénica, Marriott creó una sub-marca donde podían contar historias al público más joven, que se centraban exclusivamente en sus necesidades.

Marriot creó la marca Moxy y lanzó su propio canal de YouTube. Se crearon una serie de vídeos de «No molestar» con Taryn Southern, una conocida *influencer* de los viajes. Southern entrevistaría a otros *influencers* dentro de un contenedor de transporte que era una copia de una habitación de hotel de Moxy. De la campaña de Moxy, podemos sacar las siguientes conclusiones:

- Southern encaja en el ámbito demográfico y en el sector.

- Los milénicos demostraron con esta campaña que no les importan los contenidos patrocinados, independientemente de la longitud del contenido.

- Las relaciones duraderas con los *influencers* pueden ser buenas para las marcas.

Consejos prácticos para el marketing de influencers en la narración de historias

Lo importante es planear cómo encajar el *marketing* de *influencers* dentro de un ámbito que beneficie la historia de su marca. Ya sabe que la narración de historias tiene un impacto sustancial, pero ¿cómo puede utilizar una de las principales técnicas de *marketing* junto con la narración de historias?

Sea exigente

Cuando busque a un *influencer* adecuado para su marca, debe ser extremadamente exigente. No se trata de un portavoz que tenga la obligación y el contrato de hablar de su empresa y presentarse de una determinada manera. Imagine que un restaurante familiar se pone en contacto con un *influencer* de la industria alimenticia y luego se da cuenta de que el *influencer* que contrató es una persona fiestera que cuelga vídeos sobre bebidas, encuentros casuales y fotos comprometedoras. Eso no encaja bien.

Encuentre a alguien que:

- Conoce su historia
- Adora su marca
- Conecta con su público objetivo
- Está alineado con los valores y la misión de su marca
- Entiende su necesidad de una campaña de influencia

Se pueden aclarar muchas cosas durante las negociaciones antes de acordar trabajar juntos. Puede afirmar sin rodeos que es dueño de un negocio orientado a la familia, así que, si su imagen no se ajusta a eso, entonces no encajarían bien el uno con el otro. La frase «no encajamos bien el uno con el otro» es también muy importante para los *influencers*. Ellos no quieren comprometer a su marca o a sus seguidores por un pago único.

Libérese del control

El riesgo de contratar a un *influencer* es que ellos van a decir lo que quieren decir. Van a contar las historias que quieren contar y si usted es demasiado autoritario, abandonarán la campaña. No son personas complacientes que saltarán a través de aros para complacer a un representante de *marketing*. Eso no quiere decir que los *influencers* sean «divas», pero no puede darles un guion y esperar a que lo sigan.

Los *influencers* dependen de un grado de honestidad con sus seguidores y si se ven atrapados (como con el Fyre Festival) en una mentira o en una mala herramienta de *marketing*, entonces se meterán en problemas y su trabajo estará en riesgo.

Por lo tanto, si no puede liberarse del control o conectar con un *influencer* que pueda tomar la historia de su marca y compartir la suya propia para beneficiar a sus clientes, entonces el *marketing* de *influencers* no es adecuado para usted.

Organice eventos

Cuando desee tener algún control sobre la interacción de un *influencer* con su marca, puede patrocinar un evento de *influencers*. Invite a un pequeño puñado de *influencers* a venir y a experimentar los productos o servicios de su marca. Al hacer esto, les permitirá formar parte de su historia, de una manera muy similar a lo que hizo la cadena de hoteles Moxy. Los eventos de *influencers* le dan a la marca y al *influencer* una plataforma estable para sus interacciones.

Pregunte por el *Meet and Greets*

Cuando esté redactando su contrato o acuerdo, debe ser muy claro con sus expectativas, ya que esencialmente le está dando a alguien un control creativo casi ilimitado, productos o servicios gratuitos, y el tiempo y la energía de su equipo de marketing. Así que sea claro acerca de lo que quiere y pida para esta campaña.

Hay algo acerca de un *Meets and Greets* con *influencers*. Se trata de una experiencia muy especial para los seguidores. Además, si usted tiene una marca que puede ofrecer esa experiencia, entonces es el héroe. Sin embargo, también hay un panorama más amplio aquí: esos invitados, los que se presentan al encuentro, son ahora parte de la historia de su marca también. Ellos son los que fueron parte de una experiencia de la empresa, no solo de un servicio. No se presentaron a una comida o una noche en un hotel y recibieron por lo que pagaron; recibieron algo que usted entregó debido a un enfoque único para compartir la historia de su marca.

Capítulo 9. La narración digital de historias

La narración digital es el acto de comunicar una historia a través de herramientas informáticas y un medio digital. Puede incluir blogs, ensayos digitales, memorias electrónicas, narración interactiva y mucho más. A lo largo de este capítulo, se verán los diferentes medios, así como una variedad de herramientas para utilizar en la narración digital. Sin embargo, es importante cubrir los fundamentos y la forma en que se inició la narración digital.

El Centro de Narración Digital (CDS) se fundó en 1994 en San Francisco, solo un año después de la conferencia de cortometrajes narrativos en primera persona del Instituto de Cine Americano. Lo que resultó de esto fue un impacto inesperado en la narración. Antes de que se centrara en la creación de narrativas personales y en la narración digital, la narración de historias se limitaba en gran medida a los autores, guionistas, conferenciantes motivadores y empresarios.

La narración digital hizo posible que la gente normal y corriente compartiera sus historias en el medio de su preferencia. Alguien que había vivido una vida fascinante, pero que no tenía la habilidad para escribir podía crear un vídeo similar a una conversación y publicarlo en YouTube o crear un podcast y compartir su historia a través de ese medio. Aunque la narración digital sigue exigiendo la misma habilidad para elaborar y estructurar una historia de manera adecuada, ofrece una amplia variedad de herramientas y plataformas.

¿Se trata de una narración de historias, una narración digital o algo diferente?

¿Cómo puede determinar si lo que hace es una narración de historias, una narración digital o algo diferente? Hay algunos elementos fundamentales que aparecen en la narración de historias, así como en la narración digital. Sin embargo, la importancia radica más en las diferencias y, en los últimos años, se han difuminado las líneas entre la narración digital y narración hablada como la de la radio pública.

Estos son los elementos compartidos entre la narración de historias y la narración digital:

- Punto de vista
- Pregunta dramática que aborda un tema o desafío específico
- Conflicto y tensión
- Conexión emocional
- Voz única o tono narrativo
- Ritmo controlado
- Estructura del principio, el medio y el final

Estos son los elementos que solo aparecen en la narración digital, pero no en la narración de historias:

- Banda sonora
- Posibles elementos visuales como el vídeo, las imágenes de fondo o las presentaciones de PowerPoint
- Economía: retención intencionada de información específica dada en otro formato, como por ejemplo a través de la banda sonora o los elementos visuales

Este libro cubrirá la plataforma por sí misma un poco más tarde porque la plataforma puede determinar si está narrando o presentando una historia digital. Pero al observar los tres elementos distintivos de la narración digital, ya se puede ver un patrón claro. La economía de la historia cambia cuando se utiliza un formato digital. Se puede recortar mucha información que se proporcionaría en la narración tradicional cuando se dispone de material complementario, como una banda sonora, un vídeo o imágenes de fondo. Esta es una de las razones por las que la narración digital ha tenido tanto éxito. La gente podía utilizar elementos complementarios, como una banda sonora, vídeos o imágenes, para establecer esa conexión emocional que no podían establecer solo mediante la técnica de la palabra.

¿Y qué hay de lo que no es la narración digital? Bueno, ahí está la radio. Sin embargo, la radio puede incluir la narración de historias y puede convertirse en narración digital cuando se conecta a Internet o se publica a través de un podcast. Los programas de radio suelen contar con ingenieros de audio que pueden crear una banda sonora a medida que se desarrolla el programa, lo que constituye uno de los elementos principales de la narración digital. Además, los presentadores de radio son extremadamente hábiles en la narración de historias con un alcance económico muy limitado. Mientras que la radio está perdiendo fuerza, los podcasts que la reemplazan están ganando terreno. En marzo de 2020, más de 30 millones de hogares informaron que escuchaban regularmente los podcasts. Además, el 55% de la población de los Estados Unidos escucha frecuentemente los podcasts.

Los podcasts y las charlas de radio no son inherentemente narración digital. Sin embargo, algunos programas utilizan la narración digital como el único propósito de la existencia de ese programa. Por ejemplo, el podcast Serial tuvo éxito porque era una narración digital de una docuserie de crímenes reales. Además, un programa de radio de larga duración, The Phil Hendrie Show, se convirtió recientemente en un podcast y terminó su tiempo en las ondas radiales tradicionales. Ahora, The Phil Hendrie Show utiliza la narración de historias; sin embargo, no es explícitamente narración digital. Si bien esto parece realmente una locura, hay que entender las diferencias entre la narración digital y el entretenimiento accesible digitalmente. Para comparar, The Phil Hendrie Show utiliza la narración de historias con bastante frecuencia. Sin embargo, otros programas, como The John Tesh Show o la mayor parte de la radio cristiana, ocasionalmente se apartarán de la narración tradicional y no usarán elementos específicos de la narración digital.

Hablemos de la plataforma

La plataforma utilizada para la narración de historias puede ayudar a determinar si se trata de una simple narración o de una narración digital. Como ya se ha mencionado, los podcasts y la radio caen en un área gris. Sin embargo, YouTube y los blogs son explícitamente para la narración de historias digitales. Casi se ha llegado al punto en el que, si está compartiendo una historia en línea, está utilizando la narración digital. Algunas plataformas frecuentes incluyen:

- YouTube
- Blogger
- Tumblr
- Reddit
- WordPress
- Webtoons
- Sequel
- Atavist
- Twine
- Medium
- iBook
- Shadow Puppet

- Apple Podcast
- Storify
- Shorthand

Claramente, esta larga lista indica lo popular que es la narración digital hoy en día. Ahora bien, elegir la plataforma adecuada es un poco difícil y muchos narradores digitales usarán más de una para acceder a una mayor audiencia. Por ejemplo, un escritor que utilice Medium para compartir su historia puede también publicar ese mismo blog en Tumblr y Blogger. Este es uno de los elementos técnicos que hay que tener en cuenta como narrador digital. ¿Es suficiente con una plataforma? ¿Y cómo puede asegurarse de que está utilizando las plataformas adecuadas para sus historias?

Al elegir su plataforma o plataformas, considere la audiencia que la plataforma atrae. Medium, por ejemplo, es una plataforma de pago por acceso basada en una suscripción. Eso significa que, si desea acceder a su contenido, tiene que pagar. Para muchos narradores digitales, esa es una situación ideal porque significa que esta plataforma ofrece un entorno sin interrupciones y sin publicidad. Sin embargo, tienen una base limitada debido a que se requiere un pago para acceder a su contenido.

Como narrador digital, es probable que utilice múltiples plataformas y cada una de ellas tendrá una curva de aprendizaje. Aunque esto puede ser realmente intimidante, tenga en cuenta que todo el mundo ha tenido que aprender estas herramientas en los últimos diez años más o menos. Nadie empieza teniendo un alto dominio de ninguna plataforma, así que sea un poco indulgente consigo mismo durante el período de aprendizaje.

Ejemplos de la narración digital

Los profesores utilizan la narración digital con frecuencia para intentar acomodar varios estilos de aprendizaje dentro de un aula. Además, los pastores y predicadores utilizan la narración digital para conectarse con su público a través de diapositivas de PowerPoint y música de fondo. Entonces, ¿qué ejemplos de narración digital pueden mostrar el efecto completo del uso de una plataforma y varias herramientas en consecuencia?

El podcast Serial se mencionó anteriormente y vale la pena citarlo de nuevo porque tiene una banda sonora única y ofrece un documental a través de la lente de la narración. Es un podcast que llamó la atención mucho más allá del ámbito inicial de los oyentes de podcast, obtuvo numerosos premios e inspiró al menos dos películas documentales. La serie relata el asesinato de Hae Min Lee y el subsiguiente juicio de su ex-novio. A diferencia de otros podcasts, tiene un número limitado de episodios, pero no necesariamente un final concluyente.

Otro ejemplo destacado de la narración digital es el cómic SubZero de Webtoons, que tiene más de 9,3 millones de lecturas. Es una historia sobre el romance y el sacrificio presentada en un formato de estilo cómico a través de una aplicación llamada Webtoons. Los creadores son los responsables de su propia narración, el arte y el formato adecuado. Básicamente, si usted es un autor de Webtoons, lo está haciendo todo. Esta historia en particular combina muchos tropos antiguos, como el héroe en apuros y el enemigo jurado, con un giro moderno a través de un medio visual.

Por último, un ejemplo de contenido interactivo en línea es Inequality. Aquí es donde se puede explorar la disparidad de la riqueza económica entre el 10 por ciento de los estadounidenses y todos los demás. En este contenido, se sigue la «historia» como el personaje principal con información objetiva, interacción lúdica y un argumento atractivo. Se trabaja con temas de declaraciones políticas y conocimientos económicos que impactan a muchos americanos de todas las clases sociales.

¿Cómo se puede empezar a narrar una historia digital?

Comenzar una historia digital es muy parecido a comenzar una historia tradicional. Hay que crear un primer borrador como si se tratara de una historia tradicional, aunque se tenga la oportunidad de ser mucho más económico con la narración. Esto puede ayudarle a tomar decisiones sobre elementos complementarios, como la banda sonora, más adelante.

1. Cree su primer borrador como si estuviera contando una historia de forma tradicional.

2. Elija la(s) plataforma(s) adecuada(s) para su historia.

3. Identifique los elementos que necesita para construir su historia: auditivos, visuales, interactivos.

4. Aprenda las herramientas del oficio.

5. Cree sus elementos suplementarios o digitales.

6. Combine todos los elementos de la historia.

7. Publique en sus plataformas.

No se fije límites de tiempo para cada uno de estos pasos. La calidad de la historia y los elementos digitales, incluyendo el vídeo y la banda sonora, son mucho más importantes que terminar la historia con rapidez. Tenga en cuenta que, si quiere ser un narrador digital perpetuo, el tiempo que dedique a aprender las reglas le ayudará en cada historia que haga después de su primera historia. Además, recuerde que debe disfrutar del proceso. Es emocionante hacer su trabajo y que el público interactúe con él, pero es igual de importante que le guste elaborarlo.

Las mejores prácticas para la narración digital

Como con la mayoría de las cosas, en la narración de historias existen unas cuantas mejores prácticas para hacer que una historia digital sea efectiva. Estas mejores prácticas no son reglas rígidas, pero son cosas que hay que considerar antes de empezar a redactar. Cuando conozca estos elementos de redacción, edición y publicación, podrá tener mucho más control sobre su historia antes de decidir cómo publicarla.

Haga que su historia sea personal

A la gente le encantan las historias personales. Es algo relacionado con compartir una experiencia humana y probablemente una que su público no haya experimentado. Su historia personal puede ofrecer inmediatamente algo que los lectores anhelan a través de todas las plataformas y tipos de entretenimiento. Los humanos naturalmente cuestionan una serie de eventos y cuando usted está presentando una historia personal, está diciendo, «Esto fue lo que sucedió y fue por esto». Esto es poderoso y fascinante, además de ser la base de mucha ficción. La audiencia no sabe si estas historias son verdaderas o no y, en la mayoría de los casos, eso no importa.

Hacer que una historia sea personal no significa narrar un evento de la vida real que le sucedió. Lo que significa es que está insertando un pedazo de usted mismo y entregando una historia que es algo con lo que muchas personas se pueden identificar.

Elija su plataforma y el método de publicación de forma estratégica

Cuando usted es un narrador digital, la elección de su plataforma tiene un gran impacto en el éxito de su historia debido al acceso que tiene a la audiencia adecuada. La mejor práctica es la elección de la plataforma y la decisión de cómo publicar la historia digital, que en gran medida gira en torno a la difusión de la red. Nunca se limite a una sola plataforma. Además, asegúrese de que una plataforma alimente a otra, y que esta alimente a otra.

Por ejemplo, si ha elegido un podcast, puede parecer que sus opciones de plataforma son muy limitadas. Sin embargo, puede publicar en Spotify y Apple podcast. Puede, y debería, crear notas de episodios que se lean como un blog, y publicarlas en tu sitio web o en Tumblr. De hecho, no está limitado a publicar esas notas de episodios tipo blog en múltiples plataformas. Algunas plataformas, como Medium, le permiten incluir un enlace de audio para que el audio se reproduzca junto con las notas del episodio.

No se limite. Asegúrese de que tiene suficientes opciones disponibles para llegar a su público.

Asegúrese de que su narrativa tiene un sentimiento

¿Recuerda el dicho: «No es lo que dice, es cómo lo dice»? Esa es la base para darle un sentimiento a su narrativa. Cuando cuenta una historia frente a una audiencia, habla en público o utiliza la narración digital, puede darle más vida al tono de su narración. Puede usar la música o la inflexión de la voz para hacer que un argumento de su historia sea más dramático o más cómico de lo que hubiera sido si alguien lo hubiese leído en una entrada de un blog. Además, si está escribiendo un blog, tiene la oportunidad de incluir notas o imágenes divertidas de un incidente para mostrar realmente lo que sucedió en su historia.

Con la narración de historias clásica, la elección de palabras determina su narración. Pero cuando se trata de la narración digital, existe una unión entre la elección de palabras y los medios adicionales. A medida que va descubriendo las herramientas de la narración digital, aprende a darle a su narración más sentimiento. Una vez más, esta es una de esas cosas que se aprende con la práctica. Como narrador digital, las herramientas para ayudarle a construir su tono narrativo continuarán cambiando y evolucionando. Usted también tiene que cambiar y evolucionar a medida que cambian estas herramientas.

Salga de su zona de confort

A lo largo de este capítulo, ha quedado claro que la narración digital requiere que cualquier narrador se salga de su zona de confort. Usted está trabajando con nuevos medios y plataformas y esto probablemente será bastante nuevo para usted. De hecho, el siguiente es un ejemplo de una versión de la narración digital que evolucionó con rapidez y ambos creadores no estaban familiarizados con este medio en particular.

La exitosa serie de animación para adultos americana, Rick y Morty, es una serie de animación de ciencia ficción que no comenzó como un proyecto para la televisión. Fue creada por dos amigos, Justin Roiland y Dan Harmon, a quienes les encantaba narrar historias. Entonces, ¿cómo comenzaron Rick y Morty? Rick y Morty comenzaron como una parodia de Doc Brown y Marty de Regreso al Futuro que fue publicada en YouTube de manera intermitente. No había ninguna meta de llevarla a una enorme red para que se convirtiera en un espectáculo de éxito; Roiland y Harmon simplemente contaban historias escandalosas de ciencia ficción con un elemento adulto basadas en dos personajes de una película. Ahora bien, ambos habían trabajado en la industria del entretenimiento, por lo que eran experimentados narradores de historias. Harmon era un cómico y creador de sitcom, que creó y produjo el programa Community; Roiland era un actor de voz, escritor y cómico. En el momento en el que empezaron Rick y Morty, ninguno de los dos tenía experiencia en la animación de historias. Sin embargo, aprendieron y el programa ha tenido un éxito considerable.

La clave de este ejemplo es que puede explorar nuevos medios con un gran éxito. El público de la narración digital a menudo entiende que los creadores usan muchos sombreros. A menudo están dispuestos a esperar mucho más tiempo para continuar una historia y aceptarán efectos visuales o de audio de menor calidad que los que esperarían de un estudio profesional.

Herramientas para usar en la narración digital

Se ha discutido mucho sobre las herramientas digitales de narración de historias y cómo abordar los elementos multimedia de la creación de su historia. Afortunadamente, existe un puñado de excelentes herramientas disponibles para los narradores digitales en línea y la mayoría de ellas son gratuitas. Cuando se reúnen varias herramientas informáticas, como la animación por ordenador o la locución, junto con la narración de historias, las cosas pueden complicarse muy rápidamente. Como narrador digital, es importante disponer de herramientas para seguir sus proyectos desde el principio hasta su finalización.

Herramientas para controlar el desarrollo de su historia:

- Herramientas de gestión de proyectos: Asana o Monday

- Calendario: establezca objetivos en su calendario de papel y lleve un registro de cuando complete los logros

- Herramientas de organización: Trello para mantener a raya a todos sus personajes, la información del medio digital y el progreso

Herramientas para la creación:

- Animaker Class: aprenda a usar un simple conjunto de herramientas para elaborar animaciones de pizarra, animación en 2D, presentaciones y más.

- 30hands Learning: una aplicación iOS fácil de usar que permite explicar fotos y crear una historia con fuertes elementos visuales.

- Story Bird: para crear un arte corto.

- Capzles: para crear historias multimedia con vídeos, fotos, blogs y más.

- Domo Animate: para desarrollar historias animadas con diferentes fondos y personajes.

- ZimmerTwins: para explorar todos sus poderes imaginativos junto con sus habilidades para contar historias mediante el trabajo con una herramienta web 2.0.

Capítulo 10. Narración inmersiva de historias

La narración inmersiva es una técnica utilizada para explorar la narración de historias a través de nuevas tecnologías para sumergir completamente al lector o a la audiencia. Mucho antes de la inmersión a través de la realidad virtual (RV) o la realidad aumentada (RA), había otras formas con las que los narradores de historias creaban una experiencia inmersiva y verdaderamente única. Por supuesto, la clave de la narración sigue siendo la historia: la estructura, el contenido y lo que el orador tiene que decir. Eso no cambia cuando se trata de la narración inmersiva. Sin embargo, este tipo de narración requiere mucho más del creador. Usted no es simplemente un escritor; es posiblemente un animador, editor de vídeos, director, programador o algo más. Las posibilidades pueden variar tan drásticamente que no hay un solo camino para un narrador inmersivo.

En este capítulo, encontrará información sobre dónde y cómo empezar una historia de inmersión. Además, existen varias plataformas que ayudan actualmente a los narradores de historias de inmersión a desarrollar y a compartir sus historias. Por último, tendrá acceso a un amplio espectro de herramientas que pueden ayudar con el desarrollo de la historia y el trabajo con diferentes medios. Al final de este capítulo, debería tener una comprensión total de lo que se necesita para crear una historia de inmersión, un conocimiento general del medio que va a utilizar y un entendimiento de cómo empezar a desarrollar sus habilidades en esos nuevos medios.

Sin embargo, ¿vale la pena considerar la narración inmersiva para el desarrollo de la narración? ¡Por supuesto que sí! Si aún no le convence el modelo de una historia inmersiva, piense en estas rápidas estadísticas sobre este creciente segmento del mundo de la narración:

- La mayoría de los consumidores ya han participado en una experiencia de vídeo de 360 grados (RV o RA).

- El veintidós por ciento de los consumidores utiliza con regularidad aplicaciones de realidad aumentada, como Pokémon Go!

- El estudio de investigación de la industria de vídeo de AOL estima que el consumo de RV aumentará en un 31% en un futuro próximo.

La historia de la narración inmersiva

Puede parecer que la narración inmersiva es algo muy reciente, pero ha existido casi desde el comienzo de la narración. Mientras que la gente considera que los cuentos y las tradiciones orales son el comienzo de la narración, los rituales y las prácticas sociales fueron el comienzo de la narración inmersiva. Estos rituales permitieron a la gente de la época formar parte de su cultura y dedicarse a conservar las historias y las tradiciones de la sociedad.

Entonces, a lo largo de la Edad Media, se crearon vidrieras de historias en iglesias y otros establecimientos simbólicos. Esta práctica continuó durante todo el período del Renacimiento a medida que los prolíficos artistas se elevaban y contribuían con sus obras a diferentes medios. Aunque los trabajos de mosaico habían estado presentes durante algún tiempo cuando Miguel Ángel diseñó la Creación de Adán en el techo de la Capilla Sixtina, esta obra de arte se consideraba revolucionaria ya que retrataba una historia nueva e innegablemente inmersiva para la época.

Después de que las vidrieras y los mosaicos adornaran los centros religiosos para que los visitantes se sumergieran en las historias bíblicas tradicionales, la narración inmersiva de historias dio otro giro. A finales del siglo XVIII, un tipo de narración de historias entró en una obra llamada *Phantasmagoria*. *Phantasmagoria* usaba una combinación de humo, espejos, linternas, pantallas transparentes, proyectores de imágenes y efectos de sonido para dar una experiencia a la audiencia. Es muy similar a las experiencias de Halloween que se presentan en los parques temáticos de hoy en día. Los mundialmente famosos eventos Knott´s Berry Farm Halloween Haunt y Halloween Horror Nights de Universal Studios utilizan estas prácticas con actores y laberintos intrincados para una experiencia de narración inmersiva. La narración inmersiva de historias, como *Phantasmagoria*, es la prueba de que no se necesita una tecnología intrincada o conocimientos de programación para crear una experiencia extraordinaria.

Entonces, en 1930, un juguete cambiaría el curso de la narración inmersiva. Cuando apareció el View-Master y los niños estaban mirando estos pequeños juguetes para ver la sabana africana o la Gran Muralla China, todavía no era una narración completa, pero era la base sobre la que se construyeron los auriculares con RV. La historia volvió a cambiar con la introducción de los libros de la serie «Elige tu propia aventura». Estos libros le permitieron al lector cambiar drásticamente el proceso y el resultado de la historia. A medida que leían, tomaban decisiones y saltaban a diferentes páginas para progresar con su historia.

Hoy en día, la gente utiliza dispositivos móviles, ordenadores y consolas de juegos para experimentar historias a través de la interacción y el compromiso inmersivos. Los videojuegos, como Detroit o Until Dawn, ofrecen una experiencia similar a la de los libros «Elige tu propia aventura», mientras que Oculus Rift se ha dedicado a experiencias de inmersión de 360 grados, en las que el usuario a menudo no puede ver ni oír el mundo «real» mientras juega o ve el vídeo. Los juegos, los vídeos e incluso los robots de chat ahora pueden ofrecer experiencias únicas de narración inmersiva.

¿Por dónde empezar?

Saber por dónde empezar cualquier historia es complicado, pero saber cómo y dónde empezar con una historia de inmersión lo es aún más. Debe decidir dónde y cómo comenzará la experiencia. Siempre es mejor esbozar la historia inicial que ha elaborado y luego escalarla a una experiencia de inmersión. Puede tener su comienzo, un desarrollo y un final ideal, y luego acompañar el desarrollo y el final con una variedad de posibilidades a través de diferentes métodos. Pero la cuestión aquí es empezar de una manera sencilla, como si estuviera creando una historia ordinaria que quisiera compartir a través de un libro, un vídeo corto, una presentación o en una reunión de negocios.

Después de tener la primera línea de la historia, ha de crear un esquema. Puede que ya haya creado un esquema de la historia inicialmente, pero ahora tendrá que crear un esquema para la experiencia de inmersión. Los creadores de la narración inmersiva más importantes sugieren que los nuevos creadores comiencen con un método científico probado y auténtico. Puede que recuerde este método científico de la escuela, donde creó una hipótesis, investigó, probó y sacó sus conclusiones como una hipótesis verdadera o falsa. De manera muy similar, usted necesita establecer su hipótesis (lo que usted piensa que debería suceder), investigar, desarrollar, probar y finalmente crear el producto final.

Mediante el uso de «diseño basado en hipótesis», puede crear una historia inmersiva. Aunque el proceso en sí no es exhaustivo, es agotador. Siga estos pasos solo después de tener la historia pensada:

1. *Investigue:* explore sus recursos, entienda si su historia tendrá diferentes objetivos u opciones para la audiencia, e investigue cómo

las diferentes historias y su medio pueden interactuar o no estar de acuerdo entre sí.

2. *Planifique:* diseñe una presentación visual para los elementos que necesite (programación para juegos/applicaciones, desarrollo visual para vídeos, etc.).

3. *Haga esquemas, pruebas, revisiones:* trabajar con un medio, especialmente con uno nuevo, nunca es fácil. Tómese su tiempo para diseñar las posibilidades, ponerlas a prueba y revisarlas para su posible desarrollo o mejora.

4. *Construya:* después de trabajar con su medio e historia, puede empezar a construir el producto real. Ya sea un juego, una aplicación, un vídeo o una historia de inmersión al estilo «Elige tu propia aventura», llegará a un punto en el que tendrá que empezar a crear los medios que le darán vida a su historia.

5. *Pruebe:* tendrá un período de prueba repetido. Piense en esto como una edición para su medio, en lugar de solo una edición de su historia.

6. *Aprenda:* obtenga resultados claros de su prueba y aprenda a implementar los cambios necesarios para un resultado final exitoso.

7. *Construya de nuevo:* puede que no tenga que empezar de cero, pero tendrá que revisar la estructura central de su medio o plataforma.

8. *Pruebe de nuevo:* las pruebas son fundamentales porque es la única manera de entender la experiencia de su público tras el lanzamiento. Debe continuar este ciclo de construcción y pruebas hasta que esté satisfecho con el producto.

9. *Lance:* ya sea que publique su vídeo para utilizarlo con un dispositivo de RV, un videojuego, una aplicación u otras plataformas, ¡debe poner su experiencia de inmersión a disposición de su público! Es emocionante, ¡pero tenga en cuenta que aún no ha terminado!

10. *Actualice:* muy pocas historias de inmersión pasan por un lanzamiento sin tener actualizaciones posteriores. Las actualizaciones

le permiten al narrador asegurarse de que la experiencia de la audiencia es exactamente lo que quería. También ayuda a corregir errores en el código de programación, fallos en el vídeo y problemas con los elementos de audio.

Consejo 1: concéntrese en los pasos 2 y 3

Es difícil decir si alguno de estos pasos es más importante que los otros. Sin embargo, los pasos 2 y 3, en los que se planifica y se esboza todo lo relativo a su historia, le ayudarán en cada paso que siga. Dedicar más tiempo a estos dos pasos le permitirá ser más eficiente en el desarrollo de su historia. Entonces, ¿cuál es el proceso de estos dos pasos? Cuando observa sus funciones principales, son bastante similares:

Plantee todas las posibilidades.

Aunque esté creando una experiencia del tipo «Elige tu propia aventura», es necesario poner algunas limitaciones. Entonces, si está trabajando con RV y una historia, necesita estructurar sus visuales para complementar su historia sin anularla. Así que planee todas las opciones con estas tácticas:

- Señale sus puntos más importantes.

- Identifique los puntos de giro de su trama, donde hay cambios críticos de dirección.

- Si está haciendo preguntas a su público, proporcione una selección limitada de respuestas para que puedan elegir.

- Asegúrese de que su trama tiene pistas de navegación incorporadas.

Consejo 2: vea los árboles y el bosque

Aunque a menudo se oye hablar de la vista de pájaro, es más importante cambiar entre dos perspectivas primarias. Usted tiene que saber que tiene una manera de ver el proyecto en su conjunto, con respecto al progreso y al contenido. Esa es la perspectiva del bosque.

Entonces, también hay que tener la perspectiva del árbol, los pequeños fragmentos que se pueden manejar y controlar de cerca. Tal vez desee segmentar claramente su historia en partes muy pequeñas o del tamaño de un bocado. De esa manera, podrá manejar su medio y su historia paso a paso. Esta perspectiva del árbol puede ayudarle a crear un producto final debido a la gran atención que puede dedicar a los detalles.

Cuando se combinan estas dos perspectivas, se puede crear algo verdaderamente único. Adoptar ambas miradas asegurará que sea un narrador más concienzudo, ya que considera el punto de vista de la audiencia más a menudo que los otros narradores que utilizan medios más convencionales.

Consejo 3: sepa cuándo debe dejarlo

Esto no se refiere a dejar su historia o su proyecto. En cambio, se trata de saber cuándo es el momento de dar por terminado su proyecto. Muchos narradores de historias se meten en problemas mientras crean una historia de inmersión porque es muy fácil quedarse atrapado en el ciclo de creación-prueba-creación-prueba. Lo que sucede es que el narrador se sumerge demasiado. Se queda atascado en las etapas de construcción, prueba y desarrollo porque es un proceso fascinante y existe una dedicación a la perfección.

«Lo perfecto es enemigo de lo bueno».

Voltaire

El aforismo de Voltaire significa que, si usted está tan centrado en la creación de algo que es «perfecto», está fracasando en el objetivo de un buen trabajo. Obsesionarse con la creación de algo perfecto es un problema y puede llevar a un resultado desastroso. La búsqueda para crear algo perfecto puede significar que el proyecto nunca se complete o se deteriore lentamente debido a la sobreedición, la autocrítica y, en última instancia, el comportamiento destructivo.

Con la narración inmersiva, debería considerar la posibilidad de tener evaluadores o beta-evaluadores que puedan experimentar su historia como una audiencia y señalar posibles mejoras. Con el tiempo, alcanzará un punto en el que habrá cada vez menos observaciones. Cuando llegue a un punto en el que no haya ninguna observación que sea útil o que encaje con su historia, probablemente sea el momento de dar por terminado el proceso.

Plataformas para la narración inmersiva de historias

Todo creador necesita una plataforma. A menudo con la narración de historias, estas plataformas son eventos en vivo. ¡Se pueden narrar historias durante las conferencias, eventos como TEDx Talks, podcasts como RISK! e incluso en noches de micrófono abierto en bares y salones locales. Sin embargo, algunas personas comparten historias a través de vlogs, anuncios y marcas dentro de su negocio. Con el auge del *marketing* de *influencers*, ha habido un salto drástico en la narración de historias a través de plataformas como Instagram, YouTube o anuncios. Sin embargo, la narración inmersiva puede ser un poco difícil de precisar porque parece que hay opciones limitadas, pero pronto se sorprenderá de cuántas opciones de plataformas tiene. Lo que es aún mejor es que muchas se centran en la dificultad que tienen los narradores de utilizar medios con los que no están familiarizados.

Quizás la plataforma más popular ahora mismo es YouTube. En YouTube, puede crear vídeos que los usuarios pueden usar con auriculares de RV y otros medios de inmersión. Es algo que se puede transmitir con facilidad, ya que millones de personas publican en YouTube. También es una gran plataforma por la cantidad de gente a la que se puede llegar. A través de los intrincados algoritmos de YouTube con la optimización adecuada, puede asegurarse de que su creación llegue a su público ideal. No es tan complicado como se podría pensar y, sorprendentemente, muchos tutoriales de vídeo de YouTube explican cómo optimizar su publicación para que su contenido llegue a las personas adecuadas.

Tampoco está restringido a los videos planos de YouTube. YouTube permite subir y reproducir vídeos esféricos de 180 y 360 grados, a través de buscadores como Chrome, Edge, Opera y Firefox. Además, existe la aplicación de RV de YouTube disponible a través de auriculares de RV y la mayoría de los dispositivos móviles.

Hopscotch permite a la gente de todas las edades crear juegos, arte, historias y más. También tiene tutoriales en la aplicación para ayudar a sus usuarios a aprender a desarrollar historias de inmersión. Hopscotch se comercializa como «codificación simple» y tiene una aplicación que se puede usar en el teléfono. Es el equivalente moderno de lo que en los años 90 se llamaba juegos «caseros», excepto que ahora se ven mucho mejor. Además, existe la opción de utilizar robots de chat interactivos para crear un debate para el usuario.

Dexter es técnicamente una herramienta, aunque es una plataforma para el proceso de construcción de los chatbots de IA. Implementa las respuestas y puede crear una historia donde el usuario es el protagonista y su chatbot interactúa con él directamente. Muchas empresas y marcas utilizan Dexter para crear una experiencia interactiva única para sus clientes a través de la mensajería SMS. Con un simple texto, una empresa puede lanzar una historia o incluso incitar al usuario a compartir su historia y a utilizar la tecnología de la inteligencia artificial para obtener la respuesta adecuada y construir una conversación que incluya elementos narrativos. El resultado es un compromiso de alta calidad que es a la vez memorable y crea confianza con el cliente.

Conducttr ha atraído mucha atención como plataforma de inmersión. Es una plataforma de simulación que permite a su usuario desarrollar experiencias basadas en escenarios. Es similar a Second Life, pero en lugar de jugar solo a través de su propia «historia», crea experiencias de las que otros pueden disfrutar y en las que también pueden participar.

Herramientas para crear historias de inmersión

Gracias a las herramientas de fácil acceso en línea, la narración inmersiva de historias se está volviendo más fácil de manejar. Evalúe estas herramientas como posibles opciones para crear su historia. Cada una de ellas puede llevar un tiempo para aprender, pero, por lo general, vale la pena el esfuerzo. Una vez que se familiarice y desarrolle su habilidad con esa herramienta, podrá volver a ella y utilizarla repetidamente para futuras historias o su desarrollo y actualizaciones.

• Torch: es una herramienta que se utiliza para crear realidad aumentada. Se utiliza esta herramienta dentro de un navegador móvil y es muy simple. Sin embargo, se trabaja con objetos que ya están dentro de la aplicación, es decir, modelos 3D y personajes que se arrastran y se dejan caer en su lugar. Sin embargo, puede utilizar Adobe o Sketch para crear y subir sus propios modelos y personajes en 3D.

• Blippbuilder: es una herramienta de creación de RA sin ningún tipo de conocimiento de diseño o codificación. Puede transformar rápidamente en realidad las campañas de *marketing* y las historias de inmersión para compartir. Blippbuilder aborda su herramienta como una ayuda para el *marketing*, donde se pueden utilizar embalajes prediseñados, publicidad y anuncios impresos para construir su experiencia de RA.

• Twine: si no está familiarizado con el software de código abierto, significa básicamente que es gratuito, pero solo mantenido por una comunidad. Twine, afortunadamente, tiene un gran número de seguidores ya que los creadores de historias de todas las variedades lo usan con frecuencia. Esta herramienta permite representar visualmente historias no lineales e interactivas. Básicamente, utiliza una construcción de mapa única para lograr esa vista de árbol y bosque mencionada anteriormente.

- TextureWriter: es una solución de arrastrar y soltar para la ficción inmersiva. Cuando está contando una historia de ficción inmersiva, puede simplemente arrastrar y soltar los trozos en blanco de la historia en su lugar. Por supuesto, eso significa que necesita conocer y entender su historia antes de empezar a construir. Pero es una excelente forma de interactuar con la idea de múltiples líneas argumentales y posibilidades que trabajan juntas. ¡También se pueden utilizar elementos visuales y otros elementos dentro de esta herramienta!

Si no está seguro de tener las ideas correctas en mente, considere estos ejemplos populares de narración inmersiva. Netflix lanzó un episodio de Black Mirror titulado «Bandersnatch». Este episodio permitió a los espectadores tomar decisiones que dirigen la narración de la historia y finalmente resultó en cinco finales diferentes. Sin embargo, esos finales podían producirse en partes muy diferentes de la película. Se podía tener una experiencia de 30 minutos y recibir el mismo final después de tener una experiencia de 55 minutos. O se podía tener experiencias completamente diferentes cada vez. Esta es una historia inmersiva, algo así como «Elige tu propia aventura» y está hecha con una herramienta similar a TextureWriter.

Otro ejemplo está incluido en los vídeos de YouTube como «Show It 2 Me», de uno de los exitosos autores de inmersión de YouTube. Se toma una canción o una pista de audio y se crea una historia visual con una experiencia de vídeo de 360 grados que se puede ver mientras se utiliza un casco de RV. El exitoso autor inmersivo de YouTube, Symor, tiene más de 723.000 suscriptores.

Con esta combinación de herramientas, plataformas y consejos de diseño, debería tener todo lo necesario para crear una historia de inmersión para su público. Puede crear vídeos o participación a través de la RA, pero este paso en la narración inmersiva de historias no es el punto final. La narración inmersiva está creciendo y, con ella, puede esperar nuevas plataformas, mejores herramientas y una mayor audiencia de personas que buscan la narración inmersiva.

Capítulo 11. Siete expertos en la narración de historias

Vale la pena escuchar a los expertos de cualquier campo. ¿Por qué? Porque estas personas, a lo largo de los años, han desarrollado sus habilidades y destrezas, además de conocer su especialidad a fondo.

Los siguientes siete expertos han impulsado a sus seguidores a convertirse ellos mismos en narradores de historias y a menudo hablan sobre el arte de la narración tanto como realmente cuentan historias. Cada uno de ellos utiliza la narración de historias para diferentes objetivos profesionales, pero sus consejos son, en gran medida, universales y pueden influir en su historia, incluso si parece que usted tiene razones drásticamente diferentes para contarla.

Gary Vaynerchuk

«La narración de historias es, con diferencia, la habilidad más subestimada en los negocios».

Gary Vaynerchuk

Vaynerchuk es un empresario estadounidense-bielorruso, autor, conferenciante, figura de Internet, y director general y cofundador de VaynerMedia. VaynerMedia ayuda a las empresas de Fortune 500 como una agencia digital. Con un enfoque ligeramente diferente al de los otros narradores de historias, Vaynerchuck se ha hecho famoso al aplicar las reglas de la narración de manera diferente.

Ha establecido un método de narración consistente, razón por la cual mucha gente lo busca para obtener consejos y perspicacia en la narración de historias. Lo que él siempre proporciona —que no es un requisito de la narración, sino más bien una forma personal de introducir o comenzar una historia— es una historia de fondo. Comienza sus historias lo más temprano posible, a veces mucho antes de que él o su familia inmediata existieran. En una de ellas, explica un acuerdo comercial largamente olvidado en el que los judíos eran trasladados a los Estados Unidos a cambio de trigo.

¿Era eso vital para la historia? No. Sin embargo, fue un trasfondo que sirvió para reconocer que sus raíces ancestrales no restringen las habilidades de las generaciones actuales para convertirse en destacados empresarios, inventores y más. Contar historias «innecesarias» no es el único fundamento de la narración de historias que Vaynerchuk infringe. Durante la «acción de caída» de sus historias, casi siempre declara directamente el beneficio que quiere que la audiencia experimente.

«Mostrar no contar» es lo que impulsa a muchos narradores a dejar de hacerlo, y Vaynerchuck ciertamente muestra bastante, pero lo cuenta tan directamente que esto es esencial para su método de narrar historias. Por ejemplo, en una charla sobre la narración de historias y la participación de un público, Vaynerchuk llega al punto culminante de su historia y dice descaradamente: «Paciencia. Si sienten angustia, es porque no les gusta el proceso más que los resultados».

Mediante la flexión intencional, pero sin romper las reglas de la narración, Vaynerchuck puede contar una historia e informar a los lectores del beneficio que deben obtener. Él usa esto en los negocios para convertir a los líderes en grandes narradores de historias que pueden empoderar a sus empresas, personal y consumidores.

Seth Godin

«La gente no compra bienes y servicios. Compra relaciones, historias y magia».

Seth Godin

Seth Godin es reconocido como el creador de la exitosa campaña de *marketing* por goteo a través de correo electrónico, esos correos electrónicos que recibe donde una oferta nutre a otra y, si los pone todos juntos, podrían crear una historia de marca cohesiva. Es un conocido autor y empresario que es famoso por su perspicacia y sus contribuciones al *marketing*, la publicidad moderna, los negocios y el liderazgo.

Posiblemente su libro más conocido, *Los profesionales del marketing mienten*, tiene algunos de los mejores consejos y conocimientos sobre la narración de historias. Insta a los profesionales del *marketing* a utilizar una historia para hacer promesas al consumidor y luego cumplir esa promesa a través de las prácticas comerciales.

A través de otras plataformas, Godin incita a los profesionales del *marketing* y a los narradores a ser más auténticos. Sin embargo, quiere que los creadores de historias cambien su forma de pensar sobre la autenticidad e incluso argumenta en esa misma línea que la actual creencia de la autenticidad es una «tontería». Godin dice que todo lo que está en el corazón del narrador es auténtico. Si es el egoísmo, entonces es el egoísmo y la autenticidad. Pero eso no significa que un cierto grado de egoísmo no sea también generoso. Los profesionales del *marketing* y los narradores de historias siempre quieren conseguir algo, pero también pueden conseguirlo y darlo.

Lo importante que se quiere decir aquí es que cuente la historia que le sea verdadera, que lo haga sin disculpas, que sea transparente y que haga promesas que pueda cumplir.

Peter Guber y Tony Robbins

«Una historia emociona la información».

Peter Guber

«Estamos definidos por las historias que nos contamos».

Tony Robbins

Peter Guber es el director general/presidente de Mandalay Entertainment y tiene muchos otros logros.

Tony Robbins es un mentor profesional y conferencista, y uno de los conferencistas motivacionales más solicitados de nuestro tiempo.

Ambos hombres usan la narración de historias para ayudarle a la gente y a las empresas a cambiar la forma en la que piensan y llevan sus vidas. Es uno de los métodos más impactantes de la narración de historias y se puede ver en acción.

Peter Guber desarrolló su carrera como narrador de historias de oficio y de forma artesanal mientras dirigía grandes estudios cinematográficos y manejaba otros medios. Sin embargo, no fue hasta bastante adelante en su trayectoria cuando se dio cuenta de que las historias son el vehículo para transmitir la información. Después, comenzó a utilizar la narración de historias de una forma estratégica en su vida cotidiana para incitar a sus colaboradores y compañeros de trabajo a darse cuenta de lo que ya sabían.

Guber tiene consejos específicos para los narradores de historias, independientemente del campo:

• Solo cuente una historia con una finalidad determinada si tiene un objetivo.

• Esté interesado, en lugar de ser interesante.

• No se trata de un monólogo, sino de un diálogo.

«Ser sincero con uno mismo implica mostrar y compartir emociones. El espíritu que motiva a la mayoría de los grandes narradores es el de 'Quiero que sienta lo que yo siento' y la narrativa efectiva está diseñada para que esto suceda. Así es como la información se une a la experiencia y se hace inolvidable».

Peter Guber

Tony Robbins trabaja con la gente directamente y en grandes conferencias. Él pone su énfasis en la empatía. Con el deseo de ayudar a la gente, muestra cómo una historia puede convertirse en otra al cambiar la perspectiva y añadir empatía. Les dice a los narradores que lo que les trae emoción es el miedo y que el miedo gobierna sus vidas. Al contar una historia y tomar decisiones, su historia personal puede ser la libertad o la prisión.

Robbins recibe reconocimiento por una cita en particular que usa a menudo, pero que se remonta a Henry Ford. Utiliza esta interrupción para complementar lo que la mayoría de las historias tradicionales muestran: «Si hace lo que siempre ha hecho, obtendrá lo que siempre ha obtenido». La cita de Ford es una manera concisa de resumir la esencia de la historia tradicional: «Todo era igual, hasta que un día...».

La conclusión de estos dos oradores es que una historia con un propósito determinado es un diálogo y que una historia personal puede cambiar, al cambiar la perspectiva. Lo que una persona ve como sufrimiento, se puede utilizar en la narración con el propósito de entablar un diálogo y revelar que en realidad es el perdedor quien salió ganando.

Simon Sinek

«Las historias son intentos de compartir nuestros valores y creencias. La narración de historias vale la pena cuando refleja lo que representamos».

Simon Sinek

Sinek, un gurú del liderazgo y profesor de la Universidad de Columbia, fundó una empresa de reenfoque corporativo llamada SinekPartners. Es bien conocido por su uso del círculo dorado y su novela sobre la narración y el desarrollo, *Empieza con el porqué*.

A lo largo de la extensa experiencia de Sinek en la narración de historias, ha dado repetidamente tres consejos clave:

1. *Cambie la perspectiva.* Un orador y narrador eficaz es siempre un dador y se acerca a la narración de historias con una actitud de entrega. Si está poniendo su logo o su e-mail en cada diapositiva de PowerPoint o promocionando un producto, lo está haciendo mal. La narración de historias nunca debe ser sobre usted.

2. *No comience a construir un argumento racional con hechos y cifras.* Dele a la audiencia algo en lo que creer y luego muestre su punto de vista.

3. *Capte la atención de la gente sin interrumpirla.* Eso es lo que es una historia: intentar captar la atención de alguien y cambiar sus creencias o perspectivas. Sin embargo, estos tres conceptos muestran a los narradores que la historia es fundamental, pero ellos, como narradores, no lo son. No se trata de su investigación, su producto o su discurso; se trata de su audiencia. Deles una experiencia, una historia con la que conectar y algo lo suficientemente fascinante como para complementar sus vidas en lugar de interrumpirlos.

David JP Phillips

David JP Phillips, un conferenciante profesional dedicado al estudio científico de la narración, no es ajeno a la creación de historias. Sin embargo, él ofrece un enfoque de fórmula e incluso muestra cómo la mayoría de las empresas se equivocan con su personal y con sus clientes.

En una charla de TEDx, Phillips habló de cómo la mayoría de las reuniones, conversaciones u otras interacciones provocan un «cóctel del diablo» de hormonas. Cuando hay cortisol y ansiedad en el cerebro, esto hace que se irrite, que esté menos concentrado, que tenga menos capacidad de memoria y que generalmente genere infelicidad. Por otro lado, el «cóctel del ángel» estimula su cerebro para crear dopamina, oxitocina u otras hormonas para sentirse bien, como las endorfinas.

Phillips equipara una buena historia con la única otra experiencia humana compartida que produce esta avalancha de hormonas de buenos sentimientos: enamorarse. A través de una lente científica, enamorarse hace que se ahogue en hormonas de bienestar durante unos trece meses, la fase de la luna de miel. Manda sus neurotransmisores de vacaciones y todo parece mucho mejor. Su mente está más enfocada, tiene más motivación e incluso tiene mejor memoria gracias a la dopamina y a la oxitocina. Una historia puede reproducir esa sensación y no tiene por qué ser sobre el amor, pero tiene que seguir un cierto patrón. Para presentar una historia inspiradora que atraiga la atención, motive a las personas y mejore su memoria hay que estimular al cerebro para que dé esas respuestas. Usted necesita confiar en la ciencia y la dinámica de la narración de historias que hace que la gente se sienta relajada o involucrada. Para lograr esto, es necesario:

1. *Entender que no existe un narrador de historias «estático».* Esencialmente, no hay una sola manera de contar una historia y que cualquier historia podría, en teoría, encajar con cualquier narrador. Su historia puede ser única para usted, pero usted no es el único que puede narrarla.

2. *Escribir sus historias, no solo narrarlas.* Todos comparten diferentes tipos de historias con sus compañeros, amigos, clientes, etc. A medida que las personas hacen esto, cambian y se adaptan a la situación. Sin embargo, cuando se escriben las historias, se puede crear una versión más estática que se puede contar repetidamente con una mayor autenticidad. No todos los momentos son una oportunidad para contar esa historia que desea compartir. Así que, al escribirlas, podrá hacer referencia a ellas cuando sea necesario.

3. *Clasificar las historias, para saber qué historias tiene y cuándo encajan en las diferentes situaciones.* Cuando clasifica sus historias, puede entretejerlas y crear historias más grandes con un mayor impacto y entrega emocional.

Kindra Hall

«Usted podría ser la historia que alguien está esperando escuchar».

Kindra Hall

Kindra Hall es una oradora, autora y asesora. Trabaja como presidenta de Steller Collective e insta a los narradores de historias a tomar medidas decisivas basadas en consejos tangibles. Utiliza la narración de historias para un uso estratégico en los desafíos de la comunicación de hoy en día. ¿Cuál es su consejo?

Kindra anima a la gente que se embarca en el viaje de contar historias a centrarse en lo que pueden controlar dentro de sus historias. Ella informa a los aspirantes a narradores de historias que no deben eliminar los detalles por razones de tiempo y evitar los errores, ya que se pueden desviar del efecto y del propósito de la historia.

El humor es otro gran tema que Kindra aborda. El humor se teje a través de la cultura y la sociedad, pero los chistes específicamente hacen que la gente se ría de alguien o con alguien. El humor, sin embargo, hace que la gente se ría de algo dentro de ellos mismos. Cuando ella cuenta su historia de cómo se inició en la narración de historias, incorpora el humor al recordar a su hermano pequeño. La risa silenciosa de su hermano desde el asiento trasero de un monovolumen era una molestia porque, bueno, «los hermanos pequeños siempre son molestos», lo que hizo reír a su audiencia porque se podían sentir identificados con ella. Incluso si no tienen un hermano menor, conocen y entienden la molestia de un niño más pequeño. No se ríen de su hermano pequeño, sino de esta experiencia molesta.

Finalmente, Kindra anima a la gente a buscar historias que comparten una parte de la experiencia humana. Ella afirma que las historias sobre la vida, la pérdida, el amor, el disfrute, la novedad, la emoción o la decepción son algo que todos comparten. Estas historias compartidas son la base de las relaciones estrechas. Ahora bien,

Kindra no comparte sus historias solo por el hecho de hacerlo; las comparte para ayudar a las empresas a desarrollar sus relaciones, tanto internas como externas.

Debería seguir los consejos de estos expertos solo cuando se los pueda aplicar a usted mismo. Si no está contando historias graciosas o humorísticas, entonces no necesita preocuparse por el consejo de Kindra Hall sobre el humor. Además, si no está tratando de reformular o reescribir una historia personal, es posible que no le preocupe demasiado lo que dice Tony Robbins. Sin embargo, estas personas son expertas por una razón. Dan consejos que reflejan su enfoque de una narración exitosa y la construcción de la confianza y el compromiso con una audiencia.

Cuando se trabaja en la creación de una historia, siempre vale la pena ver lo que funciona para las personas que han alcanzado un gran éxito. Después de todo, como dice el refrán, «Vea lo que hacen los mejores y luego hágalo usted mejor». Siempre considere todo lo que podría ser un elemento en su narración y los expertos aquí revelan los principales factores a tener en cuenta. Considere la ciencia y la tecnología involucrada en la narración, así como el medio, el contenido de su historia y su voz como narrador.

Capítulo 12. El futuro de la narración de historias

Entonces, ¿a dónde le lleva el futuro de la narración de historias? La autenticidad siempre será la protagonista. No importa si se trata de ficción, poesía, una historia personal o una campaña de *marketing*. Si no le da a su audiencia un poco de su experiencia humana, no le creerán y perderá su atención rápidamente. Este desafío para los narradores de historias es una de las pocas cosas que probablemente permanecerá igual en los próximos años. Se espera que haya muchos cambios importantes en la narración de historias en la próxima década o dos.

¿Y qué futuro les espera a otros tipos de narración? A través del mercado actual de consumo, creación y comercialización de contenidos, se estima que la gente observará las siguientes tendencias en un futuro próximo:

• Historias que nunca terminan (el público siempre querrá más y de manera constante)

• Narración inmersiva de historias

• Narración de impacto social (las docuseries y documentales están al alza porque abordan temas reales)

• Presión para que la audiencia se convierta en autora, como se ha visto en las sesiones de motivación con Tony Robbins y las experiencias de RV digital

Un contenido inmersivo probablemente tendrá un drástico incremento en la audiencia a medida que las herramientas se vuelvan más fáciles de usar para la gente. El resultado es una mayor creación de historias inmersivas y un aumento en su seguimiento. A medida que este tipo de narración de historias obtiene otro gran salto de inactividad, es evidente que la narración de historias probablemente tomará otro giro. ¿Cómo se puede dar una experiencia única a cada miembro de la audiencia? De acuerdo, ese es un concepto quizás lejano, pero los creadores de historias de inmersión están creando ciertamente la ilusión de que la audiencia tiene mucho más poder sobre la historia de lo que es posible en la actualidad.

Cuando se trata específicamente del *marketing*, los anuncios se acortan o se alargan. Por ejemplo, cuando se ve un anuncio en las redes sociales, el anuncio puede ir mucho más allá de la norma de los veintidós segundos. ¿Por qué se ven anuncios que duran más de un minuto o tal vez se extienden a dos minutos? Esto se debe a que las empresas están poniendo más énfasis en la creación de historias significativas. Esta es una oportunidad de conectar con la gente que podría tener un impacto duradero en la marca, por lo que vale la pena el riesgo de hacer un anuncio muy largo, incluso si se desafía el estándar de la industria.

Sin embargo, al mismo tiempo, el contenido de larga duración está perdiendo fuerza. Este contenido a menudo proviene de marcas y empresarios a través de vlogs y blogs. Los días en los que un blog de 3.000 palabras era el rey han terminado. La gente veía los videos de YouTube y seguía a los *influencers* para sentirse conectada a ellos, pero ahora que los *influencers* y los *YouTubers* son conocidos como herramientas de *marketing*, la gente no les cree tanto. Saben que alguien que habla de su forma favorita de cocinar en casa solo terminará hablando de un servicio de entrega de comida y esto ya se está poniendo viejo. Ahora la gente quiere trozos pequeños de narración para evitar verse absorbida por vídeos de una hora de duración que son simplemente contenido patrocinado.

Lo que se ha visto en los últimos años a través del *marketing* de los *influencers* y las redes sociales es claramente insostenible. Cada vez hay más y más *Youtubers* e *influencers* que dejan de serlo por lo exigente que es tener un estilo de vida que no está en consonancia con sus valores personales. Mientras que las audiencias están cansadas de recibir versiones modificadas de historias auténticas, los creadores de contenido no les pueden seguir el ritmo. A lo largo de 2019, muchos *influencers* de alto perfil y personalidades profesionales cerraron sus canales o perfiles porque crearon una imagen que no podían mantener y que, en última instancia, dio lugar a la producción de contenido no auténtico y a la pérdida de algunos seguidores. Si no puede crear contenido auténtico, entonces déjelo.

Los medios y plataformas, sin embargo, siguen siendo útiles. Las redes sociales han hecho posible llegar a una gran audiencia con muy poco esfuerzo. No se trata de reunir a cientos de miles de personas en una plaza o llevar a todo el mundo a la iglesia el domingo. Además, los profesionales del *marketing* no esperan que alguien sintonice la NBC durante el horario de máxima audiencia. En su lugar, utilizan métodos de publicidad PPC y se basan en algoritmos de diferentes plataformas para plantar estratégicamente su historia entre individuos que encajarían idealmente dentro de la audiencia para la que escribieron la historia o crearon el anuncio. Tener su audiencia en mente ha sido un viejo consejo para la narración de historias. Gracias a la tecnología, ahora es más fácil que nunca crear una historia con un público muy específico en mente y luego confiar en estas plataformas para presentarla ante las personas apropiadas con una estrategia de comercialización dirigida.

Pero lo que inevitablemente ocurrirá es que habrá unos pocos creadores de contenido que se lanzarán a narrar historias falsas. Por otro lado, tendremos a los *influencers* o a los profesionales del *marketing* con un poder duradero que ofrecerán narraciones auténticas, que llegarán a su público de forma significativa mientras que también documentarán la cultura actual y conectarán con la gente de forma emocional. Las empresas que utilizan prácticas de *marketing* de narración de historias probablemente darán más poder a los narradores de historias para que la autenticidad del mensaje no se pierda en el intento de fomentar las ventas y conseguir nuevos clientes.

Por último, la narración de historias basada en datos se está convirtiendo en un elemento fundamental en la vida cotidiana de la gente. Debido al enorme aumento de la falsa información, la gente quiere saber si una historia personal es verdadera o si se trata de algo inventado. La narración de historias basadas en hechos reales y presentadas en un foro público ha impulsado a la gente a convertirse en detectives de sillón, no solo involucrados en historias de asesinatos e intrigas, sino también en relaciones y hechos similares. La gente ahora tiene la responsabilidad personal de determinar si una pareja famosa en las redes sociales es realmente pareja o simplemente están fingiendo una relación para conseguir fama. Una vez más, se vuelve a la autenticidad y cuando la audiencia no puede determinar si algo es auténtico o no, quieren pruebas en forma de hechos concretos.

La gente está cuestionando los hechos cada vez más. Sin embargo, todavía está muy dispuesta a aceptar la ficción como una parte funcional de su vida. Básicamente, al público no le dejarán de interesar las historias solo porque no sean verdaderas. Sin embargo, ciertamente no quieren ser engañados por una empresa o un *influencer* para creer que algo es verdad cuando no lo es. Si una *influencer* dice que «el 26% de los hombres usan maquillaje», es probable que el público pierda la confianza si esta narradora no da información sobre la procedencia de esa estadística y la forma en la que se llevó a cabo el estudio. Pero si la misma *influencer* dijera: «Conozco a muchos hombres que usan maquillaje», el público aceptaría con gusto la observación personal como parte de la historia.

Si va a dar algún tipo de datos, asegúrese de que sean precisos y de una fuente confiable o, mejor aún, de una variedad de fuentes que confirmen los mismos hallazgos.

Entonces, ¿cómo puede todo esto influenciar su narración? Mientras redacta su primera historia y se prepara para presentarla a su público, tendrá que revisar algunas de las inquietudes importantes debido a estos próximos cambios o posibles tendencias. Por supuesto, la autenticidad es la mayor preocupación y siempre debe permanecer auténtico, lo que significa ser honesto con usted mismo y con su audiencia. A continuación, podría considerar la mayor variedad de medios disponibles para los narradores de historias. De hecho, entrar ahora en la narración inmersiva de historias podría darle muchos más años de experiencia que a los demás que entrarán en el mercado cuando este ya estará más avanzado.

También debería fijarse en el *marketing* y el interés. La mayoría de los narradores de historias son mercadólogos hasta un cierto punto. Aunque solo cuente la historia para entretenerse, quiere que la audiencia se comprometa y dedique su tiempo a su historia. Explore cómo puede implementar muchas tácticas diferentes utilizadas por las empresas o los profesionales del *marketing* para asegurarse de que su contenido sea fácil de encontrar, agradable y que ofrezca algo significativo a su público. Sin embargo, tenga en cuenta que la narración de la historia debe ser una experiencia divertida y emocional. Trate de no involucrarse tanto en los elementos técnicos que le roben la alegría de la experiencia y, en cambio, concéntrese en narrar la historia que realmente signifique algo para usted.

Conclusión

¡Felicidades! Ahora ya tiene un conocimiento profundo de cómo componer y presentar una historia a su audiencia. Tanto si se trata de hablar en público como de usar la narración para crear su marca a través de las redes sociales, puede hacer un buen uso de estos conceptos fundamentales. Tenga en cuenta que siempre puede referirse a los conceptos básicos que aparecen aquí y aprovechar el asesoramiento de los expertos para desarrollar aún más sus habilidades narrativas.

A partir de aquí, deberá encontrar su historia y determinar qué medio utilizará para transmitirla a su público.

¡Buena suerte!

Recursos

https://www.youtube.com/watch?v=hZh4N1vHybU

https://blog.globalwebindex.com/marketing/campaign-of-the-month-hinge/

https://thedatingapocalypse.com/

https://blog.globalwebindex.com/marketing/brand-purpose/

https://www.campaignlive.com/article/why-dating-app-went-out-of-home-search-better-connections/1447760

https://courses.lumenlearning.com/wsu-sandbox/chapter/parts-of-the-brain-involved-with-memory/

https://www.youtube.com/watch?v=Y8wol2nGSpY

https://brilliantdigital.com.au/digital-storytelling-quotes/

https://www.hcommunications.biz/blog/16-statistics-that-make-the-case-for-more-visual-storytelling-in-law-firm-content-marketing

http://safetychick.com/

https://www.teachingchannel.com/blog/authentic-story

https://www.wordstream.com/blog/ws/2018/11/08/brand-story

https://quotes.pub/joan-silber-quotes

https://thewritepractice.com/freytags-pyramid/

https://www.litcharts.com/literary-devices-and-terms/rising-action

https://slideplayer.com/slide/8198773/

https://www.keithbooks.com/folktales.html

https://www.dltk-teach.com/rhymes/goldilocks_story.htm

https://ecclesloeteromeoandjuliet.weebly.com/plot.html

https://www.goodreads.com/quotes/tag/editing?page=2

https://www.britannica.com/biography/Anton-Chekhov

https://www.goodreads.com/quotes/tag/show-don-t-tell

https://self-publishingschool.com/show-dont-tell-writing/

https://www.well-storied.com/blog/write-stronger-characters

https://www.youtube.com/watch?v=JZPkCntVNSo

https://study.com/academy/lesson/little-red-riding-hood-characters.html

https://www.youtube.com/watch?v=6Bo3dpVb5jw

https://www.youtube.com/watch?v=0RuzE6Zmn8o

https://www.briantracy.com/blog/public-speaking/tips-to-wow-a-crowd/

https://www.gingerleadershipcomms.com/article/3-storytelling-secrets-for-public-speaking

https://hbr.org/2018/08/how-to-stop-saying-um-ah-and-you-know

https://www.echostories.com/7-storytelling-resources-clarify-brand-story/

http://www.todayifoundout.com/index.php/2014/09/happiest-place-earth-history-disney-world/

https://www.youtube.com/watch?v=BdZjV3z__VU

https://www.searchenginewatch.com/2019/12/20/how-storytelling-boosts-content-marketing/

https://www.youtube.com/watch?v=aCCvZCacv8Q

https://www.thedrum.com/news/2016/03/31/1948-de-beers-diamond-forever-campaign-invents-the-modern-day-engagement-ring

http://appropriateinc.com/

https://www.google.com/url?sa=t&rct=j&q=&esrc=s&source=web&cd=&ved=2ahUKEwiAsNSb08_pAhVAHjQIHY40CeYQFjACegQIDBAF&url=https%3A%2F%2Fwww.saasworthy.com%2Fblog%2Finfluencer-marketing-statistics-2019%2F&usg=AOvVaw0_CWsucOuVZWT6iaaALu0q

https://digitalmarketinginstitute.com/blog/20-influencer-marketing-statistics-that-will-surprise-you

https://shortyawards.com/9th/dunkin-donuts-nationaldonutday

https://digitalistortenetmeseles.hu/en/history/

https://digitalstorytelling.coe.uh.edu/page.cfm?id=27&cid=27&sublinkid=31

https://www.podcastinsights.com/podcast-statistics/

https://inspirationfeed.com/digital-storytelling-apps/

https://www.webtoons.com/en/romance/subzero/list?title_no=1468

https://class.animaker.com/

http://30hands.com/

https://storybird.com

https://thecmoshow.filteredmedia.com.au/immersive-storytelling-frontier-of-virtual-reality/

https://theconversation.com/a-brief-history-of-immersion-centuries-before-vr-94835

https://www.mosaicmarble.com/blog/sistine-chapel-creation-of-adam-michelangelo

https://support.google.com/youtube/answer/6178631?hl=en

https://www.gethopscotch.com/

https://www.conducttr.com/our-story/

https://www.torch.app/tour-the-app

https://www.blippar.com/build-ar

https://twinery.org/

https://www.youtube.com/channel/UCV8Qe8z3RDLiAV7E0WP7-Fg

https://www.youtube.com/watch?v=5Itd5MrDmZ0

https://www.goodreads.com/quotes/904186-if-you-always-do-what-you-ve-always-done-you-ll-always

https://quotefancy.com/quote/1415861/Simon-Sinek-Stories-are-attempts-to-share-our-values-and-beliefs-Storytelling-is

https://www.youtube.com/watch?v=6GlpqIFbEqw&t=190s

https://www.youtube.com/watch?v=6GlpqIFbEqw&t=190s

https://www.youtube.com/watch?v=j3bYSltiRzk

https://www.singlegrain.com/content-marketing-3/7-examples-of-storytelling-content-you-can-use-in-your-marketing-campaigns/

https://ducttapemarketing.com/5-visual-storytelling-trends-shaping-future-communication/

www.ingramcontent.com/pod-product-compliance
Lightning Source LLC
Chambersburg PA
CBHW050644190326
41458CB00008B/2407